D0319344

Maison d'édition indépendante et engagée, Remue-ménage publie des livres sur les pratiques créatrices des femmes et sur les débats sociaux émergents.

110, rue Sainte-Thérèse, bureau 303
Montréal (Québec) H2Y 1E6
Tél.: 514 876-0097/Téléc.: 514 876-7951
info@editions-rm.ca
www.editions-rm.ca

Les éditions du remue-ménage bénéficient du soutien de la Société de développement des entreprises culturelles du Québec (SODEC) pour leur programme d'édition et du soutien du Conseil des arts et des lettres du Québec. Nous remercions le Conseil des Arts du Canada de l'aide accordée à notre programme de publication. Nous reconnaissons l'aide financière du gouvernement du Canada par l'entremise du Fonds du livre du Canada pour nos activités d'édition.

Ancrées dans le Nouvel-Ontario, les Éditions Prise de parole appuient les auteurs et les créateurs d'expression et de culture françaises au Canada, en privilégiant des œuvres de facture contemporaine.

Prise deparole

Éditions Prise de parole
C.P. 550, Sudbury (Ontario)
Canada P3E 4R2
www.prisedeparole.ca

Nous reconnaissons l'aide financière du gouvernement du Canada par l'entremise du Fonds du livre du Canada (FLC), du programme Développement des communautés de langue officielle de Patrimoine canadien, et du Conseil des Arts du Canada pour nos activités d'édition. La maison d'édition remercie également le Conseil des Arts de l'Ontario et la Ville du Grand Sudbury de leur appui financier.

 ONTARIO ARTS COUNCIL
CONSEIL DES ARTS DE L'ONTARIO

 Conseil des Arts   Canada Council
du Canada   for the Arts

 Patrimoine   Canadian
canadien   Heritage

 Sudbury

de
l'enfermement
à
l'envol

rencontres littéraires

Sous la direction
de Sylvie Frigon

de
l'enfermement
à
l'envol

rencontres littéraires

les éditions du remue-ménage et Éditions Prise de parole

Artistes et auteurs invités qui ont collaboré à l'ouvrage
Jane Evelyn Atwood, photojournaliste, est née aux États-Unis et vit en France
depuis plus de trente ans ; Natalie Beausoleil est artiste visuelle et professeure
à l'université Memorial à Terre-Neuve ; Chrystine Brouillet est romancière
et chroniqueuse ; Margaret Michèle Cook, poète, est née à Toronto et établie
à Ottawa depuis 1987 ; Alan Côté est chanteur et directeur du Festival
en chansons de Petite-Vallée en Gaspésie ; Denise Desautels, poète, est née
et vit à Montréal ; Valérie Descroisselles-Savoie, artiste multidisciplinaire,
est étudiante au doctorat, au département de criminologie de l'Université
d'Ottawa ; Claire Jenny, danseuse et chorégraphe, est directrice de la
Point-Virgule de Paris ; Andrée Lacelle, poète née à Hawkesbury en Ontario,
vit à Ottawa ; Michel Ouellette, romancier et dramaturge, est originaire de
Smooth Rock Falls dans le nord de l'Ontario et vit à Gatineau.

Œuvre en première de couverture : Valérie Descroisselles-Savoie, *Cycles*, 2005,
techniques mixtes sur toile, 12 po x 12 po
Conception graphique et mise en pages : Olivier Lasser

Diffusion au Canada : Dimédia

**Des données de catalogage avant publication de Bibliothèque et Archives Canada
sont disponibles pour ce titre.**

ISBN 978-2-89423-910-0 (Papier)
ISBN 978-2-89423-756-4 (PDF)
ISBN 978-2-89423-885-1 (ePub)

TABLE

Remerciements 7
Préambule, Jean Malavoy et Yves Turbide, AAOF 9
Genèse du projet : du dedans et du dehors...
    un socle commun, Sylvie Frigon 13
I'm still alive, Denise Desautels 23

Partie A. Milieu carcéral
I. L'établissement de Joliette
Michèle Vinet, avec Ciel, Foxy, France, Liz, et Sonya 25
Terre nouvelle, Valérie Descroisselles-Savoie 35
Martine Bisson Rodriguez, avec Anne, Jocelyne, Lucie-Anne,
    Paulette et Suzie 38
Bouffées d'air et larmes à l'œil, Claire Jenny 53

II. Le Centre pénitentiaire pour femmes de Marseille
Sylvie Frigon, avec Babe, Chaima , Choka, Dorian, Johanna,
    Kayliah, Lathika, Maëlly, Manora, V et Zohra 57
Juliette love Jo, Alan Côté 72
L'enfermement du firmament, Michel Ouellette 75

III. L'établissement Leclerc
Guy Thibodeau, avec Aahd, Abdulkadir, Beenie, Billy,
    Jack, Martin V., Martin S. et Mina 77
Tina Charlebois, avec Cruzéo, Drew, Martin S., Sebastian
    et Steve 106
Éric Charlebois, avec Daniel, Down Town, Martin S., Rocky,
    Serge et Stéphane 117
Lucie Chicoine 142
Blanche fenêtre, Andrée Lacelle 146

Partie B. Milieu communautaire

I. Le Centre Elizabeth Fry de l'Outaouais
Alberte Villeneuve-Sinclair, avec Alexanne, Atianna et Mélodie 149
Lise Careau, avec Arbre enraciné au printemps, Bella Unika,
    Céleste, Cerveau masqué, Cheval sauvage, Emanuelle,
    Espérance, Femme forte et Tit-Joe 157
Sylvie Frigon, avec Eva Luna et Sophie 171
Louise Poirier et Valérie Descroisselles-Savoie,
    avec Antoinette, Madeleine, Mona, Sophie et Sylvie P. 173

II. Le Centre Elizabeth Fry de Montréal
Valérie Descroisselles-Savoie, avec La Puce 182
Matinale, Margaret Michèle Cook 184

III. Les Impatients
Michèle Vinet, avec Gisèle, Hanem, Lee, Migicontée,
    Puncho Boy, Siou, Spino et Yacinta 188
Sylvie Frigon et Valérie Descroisselles-Savoie, avec Félix,
    Ghislaine, Lee, Magali, Marilyn et Siou 198

IV. La rue des Femmes
Sylvie Frigon, avec Carlie, Jackie et Milana 221
Entre quatre murs, Chrystine Brouillet 228

Postface : l'écriture de l'enfermement
    Sophie Cousineau et Sylvie Frigon 233
Les lieux qui ont accueilli les ateliers 245

REMERCIEMENTS

Ce lumineux projet a été rendu possible grâce à plusieurs personnes qui y ont cru. Tout d'abord, un gros merci aux participants et participantes qui ont su nous toucher par leur sensibilité et leur générosité.

Merci à...
- Mélanie Morneau, directrice du Centre Elizabeth Fry de l'Outaouais; France Mailloux, de la Société Elizabeth Fry de Montréal, agente de liaison avec l'établissement de détention pour femmes à Joliette; Lucie Chicoine, Caroline Beaulieu et André Lamoureux du pénitencier Leclerc; la directrice générale (jusqu'à l'automne 2013) Lorraine Palardy, Michèle Boucher et Radu Christian Barca chez Les Impatients; la directrice, Léonie Couture, et Nathalie Duhamel, directrice adjointe, à La rue des Femmes, et Dominique Secouet (Les Baumettes) et Corinne Besset (centre pénitentiaire pour femmes) à Marseille; Louise Poirier et Valérie Descroisselles-Savoie pour leur travail de création littéraire avec les femmes du Centre Elizabeth Fry de l'Outaouais et le spectacle *Slam*.
- André Lamoureux, Alexis Batungwanayo et Emmanuel Rutsimbo, du Service correctionnel du Canada et Alain Sirois, de chez Éducation et employabilité.
- L'Association des auteures et des auteurs de l'Ontario français et tous les auteurs participants: Lise Careau, Éric Charlebois, Tina Charlebois, Martine Bisson Rodriguez, Guy Thibodeau, Alberte Villeneuve-Sinclair et Michèle Vinet, de qui j'ai appris énormément et passionnément et sans oublier Jean Malavoy et Yves Turbide. Toute ma gratitude à Yves, qui m'a accompagnée au quotidien dans ce projet.
- Les artistes du «dehors» qui ont généreusement offert une œuvre, un poème ou une photographie.
- Mon assistante de recherche, Sophie Cousineau.

- Le gouvernement du Canada, par l'entremise d'Emploi et Développement social Canada (Nouveaux horizons pour les aînés) et du Conseil des arts du Canada, pour son aide financière.
- La Faculté des sciences sociales de l'Université d'Ottawa pour les fonds offerts par ma Chaire de recherche facultaire « La prison dans la culture, la culture dans la prison ».
- Mes deux éditrices, Rachel Bédard, des Éditions du remue-ménage, et denise truax, des Éditions Prise de parole ; merci d'avoir cru à ce projet colossal.
- Jean-Sylvain et Camille, qui m'accompagnent dans tous mes projets.

SYLVIE FRIGON

Gouvernement du Canada
Government of Canada

Conseil des Arts du Canada
Canada Council for the Arts

PRÉAMBULE

J'avais quinze ans. Ma mère m'emmenait à l'Institut Leclerc où elle donnait des cours d'histoire de l'art à des détenus qui avaient de lourdes peines. Je me souviens des portes qui se fermaient comme des sas de sous-marin. Le bonheur des détenus d'écouter ma mère qui les traitait avec tellement de gentillesse, d'intelligence et de respect. C'était comme si elle enseignait à Princeton!

J'avais cette idée de faire quelque chose avec l'AAOF. Faire venir des auteurs et auteures en milieu carcéral. Je savais qu'ils et elles sauraient fabriquer de la beauté avec leur seule imagination. Et puis j'ai rencontré Sylvie Frigon, une criminologue qui navigue dans les prisons avec beaucoup de douceur et un enthousiasme contagieux. Alors le projet est né! Il ne suffisait plus qu'Yves Turbide arrive pour me remplacer à l'AAOF, car je partais vivre à Jakarta, en Indonésie.

Le seul mérite que j'ai eu, c'est d'avoir jeté la première étincelle. Le projet qui devient livre aujourd'hui a vraiment été monté et mené de bout en bout par Sylvie et par Yves. Les auteures et auteurs de l'AAOF l'ont nourri de leur inépuisable générosité et de leur créativité.

Dans le monde où nous vivons, l'acte d'écrire est un acte de résistance, une respiration, un espace d'invention dont la liberté d'expression est la condition. On écrit avec ce que l'on est.

Ce beau projet d'écriture en milieu carcéral a donc fait beaucoup de bien. C'était son but premier. À vous de le découvrir.

JEAN MALAVOY
11 DÉCEMBRE 2013

Chacun de nous porte en lui ou en elle un besoin de s'exprimer, une envie de comprendre, de se comprendre et d'être compris. Les moyens diffèrent et il n'est pas toujours facile de choisir une voie pour y arriver. Comment choisir ? Par où commencer ? C'est sans aucun doute ce besoin que Jean Malavoy a su saisir et qu'il a voulu combler en élaborant ce projet d'ateliers littéraires offerts en milieu carcéral. Donner une parole, une voix à des détenus, quelle idée fantastique !

En lui succédant, non seulement ai-je compris la portée qu'un tel projet pouvait avoir pour les détenus, mais aussi pour les auteurs qui y participeraient ; un tel cheminement ne peut se faire à sens unique : c'est du donnant-donnant, et pour y arriver, les auteurs devaient sentir qu'ils ne seraient pas laissés à eux-mêmes en s'engageant dans une démarche de création au cœur d'un milieu qui leur était inconnu : le monde carcéral et ses prisons. Je les remercie d'avoir fait pleinement confiance à Sylvie Frigon, criminologue et professeure titulaire au département de criminologie de l'Université d'Ottawa, sans qui ce projet n'aurait atteint ni l'envergure qu'on lui connaît, ni les sommets de qualité que nous célébrons avec la production de ce livre.

C'est donc avec beaucoup d'enthousiasme et de fierté que je vois ce projet de livre prendre son envol pour aller, au-delà des frontières, porter l'imaginaire, la pensée et la parole de ces hommes et de ces femmes au parcours atypique, qui se sont laissés mener sur le chemin de la création littéraire. Je les remercie pour les efforts et le courage qu'ils ont démontrés et pour la confiance qu'ils ont su témoigner aux auteurs qui les ont guidés. Chers auteurs, je vous remercie du fond du cœur d'avoir tant donné, car ces mots et cet amour de la langue franchiront la barrière du temps.

Bonne lecture.

YVES TURBIDE
DÉCEMBRE 2013

Illustration : Lucie

DU DEDANS ET DU DEHORS... UN SOCLE COMMUN

Sylvie Frigon

Du bout des doigts
Frôler la souffrance
Ses satins et ses venins
(Michèle Vinet, extrait, *Cœur barbelé*)

Les expressions de «la culture en prison et la prison dans la culture» connaissent actuellement une effervescence hors du commun. Ici et ailleurs, les événements et manifestations artistiques, les symposiums se succèdent aussi bien «en dedans» que «dehors». Impossible d'en dresser une liste exhaustive, mais citons quelques exemples parmi les plus récents.

En 2013, avec la vidéo *Between the Bars*, la chanteuse Madonna marque le coup d'envoi de *Liberté par l'art*, initiative mondiale en ligne pour promouvoir la liberté d'expression et protester contre la persécution dans le monde entier. Très beau, ce film en noir et blanc met en scène Madonna en prison, sur fond de sirène d'alarme.

En mars 2013, j'assistais au symposium *Performance and Justice: Representing Dangerous Truths* au John Jay College of Criminal Justice à New York, où le théâtre et la danse rencontraient le milieu académique. Quel pouvoir d'évocation dans la danse de ces ex-détenus du pénitencier à sécurité maximale Sing Sing, qui ont voyagé ainsi de l'ombre à la lumière.

En juin 2013, cinéastes, metteurs en scène, acteurs, détenus, directeurs de prison, photographes, vidéastes, professionnels de la France, de la Suisse, de l'Espagne, de l'Italie, de l'Allemagne, de la Slovaquie, de l'Irlande ont convergé vers Marseille, Capitale européenne de la culture 2013, où se tenait la conférence *Frontières dedans / dehors: Un dialogue entre l'art, la prison et la société*, organisée par Lieux Fictifs. Depuis vingt ans, Lieux Fictifs a mis en place un espace permanent de formation à la création visuelle et sonore au Centre pénitentiaire de Marseille-Les Baumettes.

Plus près de nous, en Colombie-Britannique, l'établissement de détention pour hommes William Head, situé dans la pittoresque Metchosin, produit des pièces de théâtre pour le grand public depuis les trente dernières années. De *Macbeth* en passant par *En attendant Godot* et *Elephant Man*, les détenus choisissent les pièces, construisent les décors, s'occupent des billets, confectionnent les costumes et jouent dans les spectacles. Prenait l'affiche en octobre 2013 un spectacle de marionnettes réalisé par les détenus en collaboration avec Ingrid Hansen et Anne Cirillo de SNAFU, Peter Balkwill, du Old Trout Puppet Workshop de Calgary, et la musicienne Katrina Kadoski.

Agir par l'imaginaire, un projet d'envergure mené de 2008 à 2011 par la Société Elizabeth Fry du Québec en partenariat avec Engrenage Noir LEVIER, un organisme à but non lucratif à vocation artistique, a impliqué plusieurs artistes et une centaine de femmes. Dans un premier temps, des ateliers sur la vidéo, la photographie, le son, l'écriture et le slam, la danse, la performance et le chant ont été proposés à la Maison Tanguay, à l'Établissement Joliette, à l'Institut Philippe-Pinel et à la maison de transition Thérèse-Casgrain. En 2011, une exposition et une publication sont venues couronner le tout et, comme on peut le lire sur le site Web de la Société Elizabeth Fry : « Offrir un lieu d'exposition aux femmes judiciarisées, c'est symboliquement leur octroyer une place au coin de la société. »

Plus généralement, le *Pouvoir des arts* loge dans toutes les sphères de la vie, comme l'indique le titre du forum national organisé en septembre 2013 à l'Université Carleton à Ottawa sous l'égide de la Fondation Michaëlle Jean. La ministre de la Culture et de la Communication du gouvernement français, Aurélie Filippetti, soutient d'ailleurs que « la culture est un vecteur de lutte contre les inégalités ».

Des romans, des films, des pièces de théâtre ont souvent abordé des enjeux liés à l'univers de la prison. La télévision n'est pas en reste. La Société Radio-Canada présente depuis septembre 2012 la très populaire série *Unité 9*. Cette saga, qui se déroule dans l'univers carcéral au féminin, a franchi la barre des deux millions de téléspectateurs en raison de la richesse du scénario, des dialogues, de la réalisation et, surtout, de l'immense talent des comédiennes et comédiens. Derrière les théories, les statistiques, les grands titres sensationnalistes, on découvre de vraies personnes, de vraies vies. La série permet cette rencontre touchante, profondément humaine. Sous la plume extrêmement efficace de l'auteure Danielle Trottier, ces femmes tour à tour tristes, bouleversantes, touchantes, dérangeantes, drôles, révèlent leur maelström intérieur. Une autre série, celle-ci américaine, *Orange Is the New Black*, met aussi en scène des femmes attachantes en prison.

Une démarche personnelle

Ainsi, la prison s'invite dans l'univers culturel, et le culturel s'investit, à son tour, en prison. La création en prison est plus que du divertissement, de l'occupationnel ; l'art devient un axe de création, de transformation de soi – du nous – qui permet de jaillir sur l'extérieur. Les activités de la Chaire de recherche que je dirige à l'Université d'Ottawa, «La prison dans la culture, la culture dans la prison», s'inscrivent dans cette mouvance internationale.

Depuis 2005, dans ma démarche pédagogique à l'université, j'ai exploré les arts comme outil d'intervention, de recherche en criminologie. J'ai ainsi accompagné divers projets artistiques en milieu carcéral. Une longue collaboration s'est notamment établie avec Claire Jenny, chorégraphe parisienne à la compagnie Point Virgule, et dont nous avons rendu compte dans l'essai *Chairs incarcérées : une exploration de la danse en prison* (2009). Claire Jenny a fait des ateliers de danse à la prison de Fresnes en France, avec les femmes à la Maison Tanguay de Montréal (2004) et au pénitencier pour femmes à Joliette (2006). Elle a également été artiste en résidence au département de criminologie, où elle a fait des ateliers de danse avec mes étudiants en 2005 et 2012. À l'automne 2012, dans le cadre d'un cours de maîtrise, elle a offert des ateliers de danse dans l'ancienne prison d'Ottawa (http://youtu.be/FYfQ65sHf1g).

Une autre précieuse collaboration est issue de mon roman *Écorchées* (2006), qui explore l'enfermement au féminin à travers une galerie de portraits. Il a été adapté au théâtre grâce à la complicité de Sylvie Dufour, directrice artistique du théâtre de l'Île à Gatineau, avec le concours d'étudiants et d'étudiantes en criminologie et en théâtre de l'Université d'Ottawa. Ces interventions théâtrales ont eu lieu pendant trois ans à la prison des femmes de Montréal, la Maison Tanguay.

Un projet collectif

Depuis plusieurs années, je caressais le projet de faire un livre à partir d'ateliers d'écriture organisés en milieu carcéral, et de convier des écrivaines, écrivains et des artistes à y collaborer. La naissance de ce livre a été rendue possible grâce à l'initiative de Jean Malavoy et au soutien d'Yves Turbide de l'Association des auteures et des auteurs de l'Ontario français (AAOF) dès l'automne 2011. Deux pénitenciers fédéraux ont accepté l'invitation : l'Établissement Leclerc pour hommes à Laval et le pénitencier pour femmes de Joliette. J'ai mené également des ateliers dans un centre de détention à Marseille. Des centres ouverts, comme le Centre Elizabeth Fry de l'Outaouais et La rue des Femmes (pour femmes en situation d'itinérance à Montréal) ont aussi participé à ce projet ainsi que le groupe Les Impatients de Montréal (organisme qui, par le biais de l'expression artistique, vient en aide aux personnes atteintes de problèmes de santé mentale). En amont, dès 2010, des ateliers de création littéraire ont été réalisés dans le cadre de mon cours de maîtrise, animés par Louise Poirier et Valérie Descroisselles-Savoie au Centre Elizabeth Fry de l'Outaouais. Un spectacle, *Slam*, est issu de cette initiative.

Pendant plus d'un an, j'ai accompagné des écrivaines et des écrivains, tous membres de l'AAOF, afin d'offrir des ateliers d'écriture créatrice au sein de certains établissements carcéraux et en milieu communautaire. Lise Careau, Éric Charlebois, Tina Charlebois, Martine Bisson Rodriguez, Guy Thibodeau, Alberte Villeneuve-Sinclair et Michèle Vinet ont relevé le défi avec brio. Pour Guy, Tina, Éric, Michèle et Martine, c'est la surprise de la prison. L'effroi même. Ces barbelés, ces portes, ces rituels de sécurité, l'architecture du contrôle. Ces auteures et auteurs de l'Ontario français voulaient aller à la rencontre de personnes en prison ou en communauté au Québec.

Les personnes incarcérées ou en milieu communautaire ont été invitées à laisser libre cours à leur imaginaire. Pour animer les ateliers, chaque auteure ou auteur avait sa démarche personnelle. Lise Careau décrit ainsi comment elle a mis la table au Centre Elizabeth Fry de l'Outaouais :

> Durant trois semaines, chaque mercredi soir nous rassemblait quelques heures autour d'une table, à la chaude lueur d'une lampe et de chandelles aux flammes vacillantes. Les participantes menant toutes une vie très active (famille, études, travail), un rituel d'accueil les aidait à « atterrir » en atelier. [...] Cahiers personnalisés, crayons de couleur et musique douce favorisaient leur intériorité et leur plaisir d'explorer les mots.

La rencontre entre l'écrivain et la personne qui participe aux ateliers est une période riche d'échanges citoyens. Période de questionnement, de transformation pour les uns comme pour les autres.

> Je suis entrée dans ce projet avec mes idées préconçues – sur les prisons, les prisonniers, les changements anticipés dans ma propre vie. Ces idées ont été confirmées et détruites, rehaussées et embrouillées. Il n'y a pas eu de poète «avant et après», simplement une poésie continue.
>
> (Tina Charlebois)

Le doute et l'enchantement sont évoqués, comme Guy Thibodeau l'a consigné dans son journal de bord :

> Le lendemain matin, au réveil, je ressens un effet de lourdeur [...]. Mon sentiment de la veille persiste; c'est trop difficile, ça me demande trop. [... Puis] j'ai lu l'appréciation [...] «J'ai aimé l'atelier... Je me suis senti comme si je n'étais plus en prison.» Très ému, j'ai saisi l'importance d'y retourner [...].

Pour sa part, Martine Bisson Rodriguez raconte :

> À l'Établissement de Joliette, je me suis retrouvée, exactement comme il y a trente ans, avec des personnes qui avaient eu moins de chance que moi dans la vie, et, exactement comme il y a trente ans, j'ai voulu permettre à des femmes de vivre un moment de création où la complicité est essentielle et réconfortante.

Alberte Villeneuve-Sinclair voit dans l'écriture une bouée de sauvetage pour les femmes qu'elle a accompagnées :

> J'ai senti que cette expérience d'écriture leur avait donné le goût de réinventer leur vie, de porter un regard neuf sur l'avenir et d'oser croire que les choses vont aller en s'améliorant, qu'elles vont s'éloigner du chaos pour se diriger vers une vie meilleure et une plus grande sérénité.

Un courriel reçu d'Éric Charlebois le matin de sa dernière rencontre témoigne de la profondeur de l'expérience qu'il a vécue à l'Établissement Leclerc:

> Merci, pour tout, Sylvie. Je suis à l'envers: je ne veux pas que ça finisse. La fin, ce n'est bon que pour les sentences.

Notre but n'était pas d'écrire sur la prison mais plutôt de la transcender. Très vite, par contre, la rencontre de la prison et de l'enfermement a nourri l'imaginaire des animatrices et animateurs, tout comme cette expérience marque aussi les textes des participants aux ateliers d'écriture. Mais aucun thème n'est imposé. Ici, on se joue des règles et des conventions pour emprunter les voies / voix de la fiction et créer de la beauté à même la laideur, la douleur, parfois l'horreur.

> Consoler le mal
> Lui offrir
> Des habits du dimanche
> De grands souliers vernis
> Pour ses virées en ville [...]

(Michèle Vinet, extrait, *Cœur barbelé*)

Au cœur des projets, trois grands objectifs sont poursuivis: donner la parole aux personnes incarcérées, favoriser un temps de rencontre citoyenne «dedans / dehors» par le biais de l'écriture et publier ces textes dans un livre pour que la voix des personnes incarcérées côtoie celle des auteurs-animateurs et celle d'artistes du dehors (écrivains, poètes, photographe, chanteur, chorégraphe) évoquant à leur manière l'enfermement, dans tous ses états. Ce livre a donc été conçu à partir des textes du *dedans* créés en ateliers et des productions du *dehors* par des artistes de plusieurs disciplines: Jane Evelyn Atwood (photographe américaine), Natalie Beausoleil (artiste visuelle et professeure de sociologie à Terre-Neuve), Chrystine Brouillet (romancière québécoise), Margaret Michèle Cook (poète franco-ontarienne), Alan Côté (chanteur et directeur du Festival en chansons de Petite-Vallée en Gaspésie), Denise Desautels (poète québécoise), Valérie Descroisselles-Savoie (étudiante de doctorat en criminologie, art-thérapeute et artiste multidisciplinaire mont-réalaise), Claire Jenny (danseuse et chorégraphe française), Andrée Lacelle (poète franco-ontarienne) et Michel Ouellette (écrivain franco-ontarien).

En cours de route, le projet s'est «ouvert» à d'autres zones d'enfermement (la «rue», la maladie mentale). Comme le résume bien Michèle Matteau dans la revue *Liaison*,

> Ce projet d'écriture en milieu carcéral est devenu multi-forme. Il ne s'agit plus simplement de mots et de prisons, mais de mots-clés pour contrer l'enfermement. Tous les enfermements. L'enfermement physique, bien sûr [...] mais aussi l'enfermement dans le passé [...] dans l'itinérance, dans la maladie, dans le silence qui emmure et mène à l'enfermement en soi-même. (2012 : 29)

Ainsi, plus de deux cents textes ont été créés par plus de quatre-vingt personnes qui ont participé à ces ateliers *en dedans*. De ce nombre, nous en présentons ici une centaine, parfois signés de leur nom véritable, mais le plus souvent d'un pseudonyme. Deux critères ont présidé à cet entrelacs de textes tissés dans ces huis-clos. Premièrement, il était impératif que chaque participant ait au moins un texte publié dans ce collectif. Deuxièmement, nous souhaitions à la fois varier les thèmes et les étayer. Une œuvre, donc, à la fois discontinue et sinueuse. Composée de fragments qui se relient les uns aux autres en un nouveau réseau au-delà d'obscures abysses et qui partagent un socle commun : la rencontre «dedans / dehors».

Larguer les amarres
Et laisser dériver
Au gré des marées
La liberté retenue
Son oiseau roucoulant
Dans sa cage

(Michèle Vinet, extrait, *Cœur barbelé*)

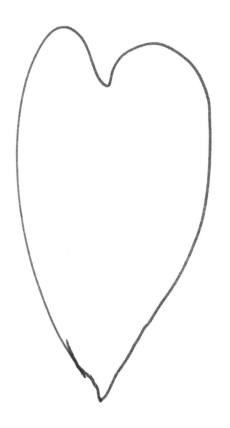

Félix
20 Avril 2017
Le coeur

Denise Desautels

I'M STILL ALIVE

pour mes semblables,
mes sœurs

Une porte. Une autre. Une autre encore. Puis une dernière. Une quatrième se referme derrière nous. Derrière moi. Claquements secs – métal, fer, verre, verrous, double tour – vertige et néant.

C'est fou comme le silence qui suit est sombre. Or *I'm still alive* – comme l'écrit On Kawara sur ses cartes postales.

Nantes. Prison des femmes. Juin – il y a presque vingt ans. Dans une petite salle sous haute surveillance. Les détenues assises devant nous – toujours en attente de leur procès, de leur sentence – ont le même âge que mon fils, la jeune vingtaine. L'air débraillé et fantaisiste, les cheveux rebelles, elles portent des vêtements bariolés où le fuchsia et l'ocre dominent. Elles ne se regardent pas les unes les autres. Ou si peu. Librement ici. Dit-on. Librement venues entendre nos mots. C'était sans doute ça ou rien. Ou les murs fermés, forteresses de la cellule.

Debout devant elles, nous sommes en noir. Et nos corps, sous tout ce trop noir, se sont vite raidis comme des troncs pour ne pas flancher.

Après quatre claquements de portes, *absence, heure, mémoire, lentement, mur, morsure, avale, respiration, fenêtre, fissure, futur, étreinte, disparaissons, nulle part, proie, pensée, plomb, remous, aile*. Nos mots restent pris dans l'air. Comme tout ce qui respire ici. Comme si c'était janvier. Nos mots aggravés ici, encerclés de remparts. Cinquante jeunes femmes modernes pleurent, immobiles devant nous, et je les regarde avec excès – ma voix indomptée, chargée d'obscurité –, impuissante à refouler mes propres larmes.

Dans *Black Words, la chambre dévie légèrement / les murs qui s'ouvrent ne mènent nulle part / la nuit je sens grandir une douleur à l'épaule / je ne sens presque plus le reste de mon corps / on dirait un corridor de plomb / sans commencement ni fin / la mort rejoint tous les paysages*

Vingt ans plus tard, *I'm still alive*. Encore à nous entendre, à observer de près nos langues en train de négocier avec l'écho à l'intérieur des murs. Devant moi : des pupilles torrents en quête d'aurore et de crépuscule. Un jour, je pourrais être l'une d'elles. Parmi elles, assise. Écouter en larmes mon désespoir dans les mots des autres.

Un jour, plus tard, dans ceux de la mère infanticide interviewée pour la télévision par l'amie N. Nos sanglots insensément s'entremêlent, à peine si je la vois, si je l'entends. Ça hurle à l'intérieur. Dans mon crâne cœur cachot. *I'm still alive* – pour combien de temps ?

Un jour, je pourrais me laisser happer – foudroyée, forcément dangereuse. Emportée par le vaste ravage du dedans. Le fond du gouffre pour toutes les noyées en attente, enfermées au fond de mon épaisse mémoire. D'un côté ou de l'autre des quatre portes.

Partie A. MILIEU CARCÉRAL

I. L'ÉTABLISSEMENT DE JOLIETTE

Michèle Vinet @ Joliette

Diplômée de l'Université d'Ottawa en lettres françaises et en éducation, et spécialisée en français langue seconde, Michèle Vinet a longtemps œuvré dans le domaine de l'enseignement. Au cours de sa carrière, elle a offert des formations professionnelles partout au Canada. Avant de s'aventurer sur les sentiers de l'écriture romanesque, Michèle Vinet a aussi fait carrière à titre de comédienne au théâtre, au cinéma, à la télévision et sur Internet. Son premier roman, *Parce que chanter c'est trop dur* (2008), a été finaliste au prix littéraire Le Droit et au prix Trillium. Son second roman, *Jeudi Novembre* (2011), a remporté les prix Trillium et Émile-Ollivier. L'auteure publie également des nouvelles dans des revues dont *Art Le Sabord*, *Virages* et *Voix plurielles*. Elle offre des ateliers de création destinés au public adulte et au jeune public.

L'INVISIBLE ESSENTIEL

> «Vivre ce n'est pas se trouver, c'est se créer.»
>
> (George Bernard Shaw)

Avant de leur présenter une auteure, il faut permettre aux participantes des ateliers de création littéraire de l'établissement de Joliette de rencontrer une femme. Afin de niveler les différences et d'aplanir les barrières psychologiques, l'enfant en elle leur fera une révérence et les invitera au jeu.

J'ai dix ans et une maladie me cloue au lit. Pour me désennuyer, je lis. Un conte en particulier berce encore mon souvenir. Une petite tortue y surmonte ses obstacles. Elle s'appelle *Patrovite*. Je suis saisie lorsque je me rends compte que cela signifie «pas trop vite». La fièvre monte, le cœur s'emballe. La révélation est fulgurante et fabuleuse. Mon destin chavire. Ma vie est transformée. À tout jamais. Un jour... un jour... j'écrirai.

Mon intervention débutera par ce tendre récit pour apprivoiser ces femmes-biches. Au fil des heures et de la détente nous causerons littérature. Nous jetterons un regard sur les tropes et leur emploi, et sur les correspondances menant à la métaphore. Avec des reproductions d'œuvres d'art comme déclencheurs visuels et un éventail de moteurs textuels, nous passerons à la rédaction spontanée et intuitive, collective et individuelle. Nous nous pencherons ensuite sur la structure du schéma narratif et, par la déconstruction et la reconstruction de phrases, sur la fonction et l'importance de l'incipit.

Portées par une musique d'inspiration, les filles, c'est-à-dire *mes* filles, se raconteront en laissant le chuchotis des règles prosodiques, rythmiques et euphoniques s'immiscer dans leur besoin de dire, dans leur vouloir parler, dans l'impératif de se trouver une syntaxe personnelle.

Encadrées et appuyées, outils en mains, les dames chemineront, en prose et en poésie, dans l'exploration et la découverte du possible comme de l'impossible, dans la mesure et la démesure de leurs multiples véridicités, voire dans l'éveil à l'expression littéraire comme fidèle complice.

DANS LE SANG ET LA MÉMOIRE

Ce n'est pas la route estivale panachée de verts: limette, absinthe, tilleul, pomme, prairie. Ni les kilomètres macadam dévorés d'heure en heure. Cours d'eau et beaux oiseaux. Villages aux midis pressés. Ce n'est ni le jour Monet, snobinard et arrogant, ni les champs et clochetons de campagne. Ce serait ingrat que d'accuser l'été

Ce ne sont pas les murs. Leur grisaille. L'appréhension qu'ils inspirent. L'enceinte de monastère ancien, le territoire interdit. Le béton, son cloître, ses grillages, ses sommets barbelés. Le glissement des verrous, le choc métallique des serrures. Ouvertures et fermetures. Ouvertures et fermetures. Non, ce n'est pas la clôture, sa coiffure.

Ce n'est pas le protocole ni la règle 'Tout déballer. Tout exposer. Tout ventiler contre la liste. Énumérer les documents. Compter les stylos. Et un livre de trop! Comme si un livre pouvait être de trop. Signer ici, re-signer là. Montrer ses papiers, les témoignages d'une vie ordonnée. Permettre à la technologie de fouiller la chair et les os. Se munir de mécanismes électroniques en cas d'urgence, de violence. Quitter le monde familier. Le caresser des yeux. Lui tourner le dos. Le refermer comme un cahier regretté. S'emmurer. Non, ce n'est pas ça.

Ce n'est pas la souffrance, son empire de louve, sa tyrannie sucrée, sa morsure dans l'air, son agression néon, sa grimace amère. Ce n'est pas son baiser-poison ni sa redingote-chagrin semant le doute et la méfiance, le vertige de la solitude, la fièvre de la répudiation. Ah non, ce n'est pas la souffrance.

Ce n'est pas la réserve des regards. Une curiosité, une attente. Un jeu d'enfant, un appel au secours. Mais, deux coups d'œil farouches. Un premier affolé, sa sauvage absence, sa défection. Un second, crucifié. Apprivoiser l'œillade furtive. Faire voir, sur une croix, l'alchimie, la guérison littéraire, ses ors et ses saphirs. Alors non, ce ne sont pas les regards.

Ce n'est ni l'odeur d'encaustique ni le bruit. Seul le ronron, gros matou, du ventilateur. Ni la salle-tristesse, blanc-pardon, avec sa cafetière et ses tasses bleu-concession, ses chaises noir-enfer. Ni la possibilité de digues rompues, d'éruptions volcaniques de sentiments, de vérités. Rien de tout cela.

Ce n'est pas l'atelier rodé et minuté. L'enfant et sa tortue. Le ravissement des mots, des sons des mots. La musique d'ambiance. Le fredon du plaisir. L'abandon à la création, au fouillis des images, leurs anges, leurs trésors, leurs fous rires et serrements de cœur. Non, non, ce n'est pas l'atelier.

Ce n'est pas le jeune gardien, armé jusqu'aux dents, son corps tronc d'érable, ses mains racines, ses doigts noueux, son adjuration de s'appuyer au mur, de s'y placer sobrement. Maintenant! Ce n'est pas lui.

C'est le chien, parti de loin, son halètement baveux, sa course effrénée, tissée d'angoisse, s'abattant sur l'innocence, l'espoir de papier, pour déchirer un songe poésie et le transformer en effarement, en palpitations.

Ni les remarquables textes sortis de prison ni le vin durant le débriefing ni le succès ni les éloges ne triomphent au cœur de l'expérience. Il n'y a que le chien, ses griffes sur le plancher, dans la conscience. L'affolement animal, indélébile, dans le sang et la mémoire.

VIE RETROUVÉE

par France

Barbelés
La vie telle quelle
Le roulement de la ville
Âcre amertume
Métal froid
Renfermé
Désarroi
Honte
Ombres de clôtures
Regard du futur
Barbelé disparu
Vie retrouvée

Mère Marie
Sagesse et paix
Douceur colorée
Paix de l'âme
Lien maternel
Acceptation éternelle
Rayons dorés
Du regard de l'enfant
Pour la mère de tous

ELLE

par France

Je suis elle
Celle qu'on ne voit pas
L'invisible pour eux
Celle qui a fauté

29

Je suis elle
Mère de trois grandes elles
Et d'une petite elle

Je suis elle
Qu'il aime
Lui, l'invincible

Je suis elle
Qui veut être l'autre
Pour pouvoir voir
En dehors d'eux

Tu es elle
Celle avec qui
C'est facile de parler

Tu es elle
Celle qui encourage
Qu'on oublie d'encourager

Tu es elle
Celle qui aime sans demander
Qui veut être aimée
Sans limites

Tu es elle
Celle qui se cache
Qui croit ne pas être là

Nous sommes elles
Sœurs de sang
Opposées en tout
Liées par la faute

Nous sommes elles
Fautives pour deux
Emprisonnées pour douze

Nous sommes elles
Celles qui ont oublié
La droiture obligée
De deux sœurs bien élevées

Nous sommes elles
Celles qui voient
Ce que l'autre ne voit pas

QUI SUIS-JE ?
par Liz

Femme aux cheveux argentés
Amoureuse des mots
Fureteuse de biblio
Ludique
Internaute
Férue de photographie
Amante du plein air
Cruciverbiste à mes heures
Manie le crochet à l'occasion
Sans oublier
Mon péché mignon
La bouffe gastronomique
Arrosée

La ménagère
par Foxy

Une femme à l'air craintif
Dans l'obscurité
La violence tout près
Les cris du père
Pain à la main
Boisson forte
Propreté absolue
Peur et inconfort
Jeune fille prise pour bonne
Ne sachant que faire
Ni où aller

Ma semblable
par Ciel

Bonjour ma semblable
Je te regarde, je te vois et tu es pleine de douceur
et d'imagination légère, pas trop vite, mais ni trop lente
Comme une princesse qui attend la fin de son histoire
si jeune, si pure, simple et innocente,
non trop loin de la naissance
On joue, on joue du matin au soir
et quand on dort
Moi, je suis là, ta semblable et nous sommes deux
Imaginer, imaginer, imaginer

Assise si tranquille, je peux voir l'oxygène
qui sort de sa bouche
Elle regarde dans l'air en train d'imaginer
Si elle ne revient pas, moi non plus
Respirer, respirer, respirer

L'air est épais d'imagination dans la pièce,
dehors, ici et là, à côté de moi
Une atmosphère flotte dans l'au-delà
Moi non plus je ne suis pas loin, je suis là

Le bleu pâle et transparent nous ramène
à notre enfance
Il n'y a personne sauf nous deux
à l'extérieur de nous, les yeux tout doux
Je veux amener ma semblable où les yeux sont doux
à l'extérieur, l'extérieur de nous
où les yeux sont doux

LA FENÊTRE

par Sonya

Je suis assise dans cette pièce carrée
Sur cette chaise plastifiée
Entourée d'âmes déchirées

Je regarde la fenêtre de noir teintée
Ce sombre paysage
La tristesse au visage

Je m'attarde en attente
D'un soupçon de vie
À travers cette pluie

J'aperçois une silhouette
Au torse dénudé à travers la buée
De l'autre côté de la cour emmurée
J'ose approfondir ma quête plus loin
Je vois un boisé sans fin
Dieu, que j'aimerais m'y réfugier
Pour ne plus voir ces gris barbelés
Qui me font tant pleurer

Valérie Descroisselles-Savoie

TERRE NOUVELLE

Au bord de soi
Comme une épave sauvage
N'être qu'un écho
En marge

Être l'émotion
Devenir sous son nom
«Désimprégné» de sa vie
Voué à l'oubli

Être un peu ici
Beaucoup là-bas
Sans le chemin
Du retour à soi

Puis d'une force intérieure
Aussi puissante que les mers
Par les remous
Revoir la terre

Y voyager sans souliers
Investir l'instant
Sentir la terre mouillée
Émerveillement

Retrouver sa bande
Devenir sa danse
Retrouver son sens
Appartenance

Marcher, marcher
Comme une première fois
Lucide, éveillée
Sensible, enracinée

Car
Après tant de souffles étouffés
La peau se renouvelle
L'âme étincelle

Photo: Jane Evelyn Atwood, Marseille, 1991

Martine Bisson Rodriguez @ Joliette

Native de la Beauce, Martine Bisson Rodriguez vit à Laval depuis plusieurs années. Auteure pour la jeunesse, elle est membre de l'Association des auteures et auteurs de l'Ontario français, de l'Association des écrivaines et écrivains québécois pour la jeunesse, de l'Union des écrivaines et écrivains québécois, du Centre canadien du livre jeunesse et de la Société littéraire de Laval.

Avant de prendre sa retraite en juin 2012, elle a travaillé dans plusieurs écoles pendant plus de vingt ans, auprès d'élèves présentant divers troubles, en plus d'intervenir pour contrer l'intimidation. Dans les années 1970 et 1980, elle a travaillé comme éducatrice puis comme coordonnatrice dans un centre d'accueil pour adolescentes.

Pendant toutes ces années, que ce soit en centre d'accueil ou dans les écoles, Martine Bisson Rodriguez a monté différents spectacles avec les jeunes et pour les jeunes. C'est d'ailleurs pour les élèves du primaire qu'elle a écrit ses premières pièces de théâtre.

EXACTEMENT COMME IL Y A TRENTE ANS

Participer à ce projet de création en milieu carcéral m'a tout de suite souri. Il y a longtemps, j'avais aimé travailler avec des adolescentes qui, je le constatais, avaient eu moins de chance que moi dans la vie. Je croyais en leur potentiel et j'avais voulu les aider afin qu'elles en arrivent à se sentir bien et à gérer leur vie de façon acceptable pour elles-mêmes et pour les autres. C'était difficile « en dedans », comme elles disaient, mais c'était aussi très difficile à l'extérieur. Plusieurs ont réussi mais ce n'est pas par miracle ! Je sais qu'il leur en a coûté beaucoup d'efforts, parfois des ruptures, des moments de solitude. Je me réjouis parce qu'elles ont réussi...

À l'Établissement de Joliette, je me suis retrouvée, exactement comme il y a trente ans, avec des personnes qui avaient eu moins de chance que moi dans la vie, et, exactement comme il y a trente ans, j'ai voulu permettre à des femmes de vivre un moment de création où la complicité est essentielle et réconfortante.

Cinq femmes ont participé au projet.

L'idée de choisir une comédie a vite été unanime puisque le goût d'être ensemble et de participer à quelque chose de léger et de drôle plaisait à toutes.

Nous avons déterminé le sujet de la pièce, le lieu où se déroulerait l'action et quels seraient nos personnages.

Selon l'inspiration, nous avons laissé couler les premières répliques assez spontanément. Les personnages prenaient naissance, se définissaient et s'affirmaient peu à peu en prenant possession du décor, qu'il fallait préciser.

À la deuxième rencontre, nous avons corrigé l'orientation de la pièce, défini la trame principale et son dénouement.

Petit à petit, elles ont vu qu'elles devaient cerner davantage le caractère des personnages et être vigilantes si elles voulaient rester fidèles aux différentes personnalités et à leur façon de parler et de se comporter. Plus la pièce avançait, plus elles souhaitaient imaginer les comédiens sur scène, et il leur a été facile et agréable de le faire. Elles arrivaient ainsi à ne pas perdre de vue la position de tel ou tel personnage sur scène. Les didascalies leur venaient plus facilement. Entre les rencontres, j'annotais les textes pour qu'ensemble, nous apportions des changements ou des précisions.

À la fin, nous avons eu le goût, spontanément et toutes ensemble, de nous lever et d'achever la lecture, avec déplacements et gestes, comme si nous étions sur scène en train de jouer la pièce. Quel plaisir!

Un merci particulier à Sylvie Frigon et Yves Turbide, de l'Association des auteures et auteurs de l'Ontario français, qui ont chapeauté le tout avec brio. Merci aussi à France Mailloux de la Société Elizabeth Fry, pour son accueil à l'Établissement de Joliette, son soutien et son intérêt.

J'espère que cette comédie vous plaira et vous fera, à tout le moins, sourire...

Réflexion

Quand on se retrouve seul, sans urgence, sans pouvoir faire ce que l'on est habitué de faire, quand on vit, sans l'avoir souhaité, un temps d'arrêt, un temps qui paraît vide, perdu, inutile, c'est un drame, une blessure, un désastre. Mais... Eh oui, il y a un mais! (Il y a toujours un... mais!)

Une fois que l'on accepte l'arrêt, le silence, le vide, on entre en soi et l'on explore ce qui s'y trouve. On se découvre des talents insoupçonnés, des goûts jusqu'alors inconnus, des aspirations nouvelles, un désir de se surpasser, de donner, de se faire entendre et de s'ouvrir aux autres. Si, en écoutant ces vibrations, on laisse nos découvertes déployer leurs ailes, on se redécouvre soi, beau ou belle comme jamais! Ce temps d'arrêt, qui pouvait paraître auparavant vide et inutile, nous donne l'opportunité de créer... ce que l'on n'aurait jamais pu faire, pris dans l'étau des obligations quotidiennes.

Je suis persuadée qu'avant toute création, il y a un vide, provoqué ou imposé.

Que puis-je souhaiter sinon que chacun de vous trouve un moment de solitude qui vous permettra... de créer.

BONNE FORME, BONNE COMPAGNIE
par Suzie, Paulette, Anne, Jocelyne et Lucie-Anne

Les personnages

- *Laurette Desmarais, une femme dans la fin soixantaine, bien coiffée, pas très grande. Elle porte une tenue Chanel et un sac Louis Vuitton. Elle est fouineuse et plutôt précieuse, pincée... On remarque à son annulaire gauche une bague sertie d'un énorme diamant.*
- *Georges Desmarais, son époux, fin soixantaine. Plus grand que sa femme, il est habillé de façon sportive. C'est un bon vivant. Son parler est négligé.*
- *Henri Lamont, un homme riche et bien mis, soixante ans. Il porte une perruque dont les cheveux sont assez longs. Tourmenté par le «démon du midi», il s'imagine que toutes les jeunes femmes le trouvent irrésistible.*
- *Bella Lamont, dans la trentaine, fille d'Henri Lamont. Elle porte un joli tailleur et des souliers à talons hauts assortis à son sac à main.*
- *Louis Capet, un homme riche, début de la soixantaine. Il est vêtu d'un habit foncé et d'une chemise blanche. Il a la réputation d'être infidèle. Il vient de renouer avec sa femme.*

Le décor

Un centre commercial d'un quartier huppé. La devanture des magasins respire la richesse. Au fond de la scène, différents commerces: au centre, un salon de coiffure, à droite, une bijouterie. L'éclairage des magasins augmente pour nous faire découvrir des commis. Au comptoir de la bijouterie, on voit un jeune homme.

À l'extrême gauche, un comptoir Van Houtte. Entre le salon de coiffure et la bijouterie, il y a le casse-croûte Le Petit Bistro. À l'avant de la scène, trois tables avec chaises.

Savoir investir

dans l'essentiel

Sophie

Depuis 2 ans j'ai un VRAi foyer... à 50 ans j'étais itinérante. INVESTIR dans l'essentiel, qui est pour Moi Aujourd'hui Famille-TRAV Foyer Santé.

Vent de changement

OPTION

No MORE-
PRISON-'probation
INTOXICATION
CONSOMMATION

APPRENTISSAGE

Résumé

Au moment où commence notre histoire, Georges et Laurette Desmarais sont entrés, côté jardin, prendre leur café chez Van Houtte avant d'entreprendre leur marche de santé matinale. Monsieur Lamont est arrivé ensuite, côté cour. Comme d'habitude, il est très bien mis (en complet Armani) et des plus souriant. Il a observé et salué toutes les jeunes femmes qui sont commis aux différents comptoirs. Il leur a levé son chapeau, convaincu de son pouvoir de séduction sur elles. Distrait, il n'a pas vu tout de suite monsieur et madame Desmarais. Dès qu'il les a vus, il s'est joint à eux. Ils badinent tous les trois avant d'entreprendre leur marche, ponctuée de longues séances de lèche-vitrine autour de la scène pour madame Desmarais et d'œillades aux jeunes femmes pour monsieur Lamont. Ils déambulent ainsi jusqu'à ce que, essoufflée, Laurette Desmarais s'appuie contre le mur de la bijouterie. On voit alors sa mimique changer. Elle crie.

Laurette

As-tu vu la belle broche dans la vitrine, Georges? Elle me ferait super bien!... Vraiment, elle a l'air d'avoir été fabriquée juste pour moi... Georges, m'écoutes-tu?

Georges

Bon, arrête-toi, Lamont. Quand ma femme tombe en pâmoison devant un bijou, c'est signe qu'y faut prendre une pause, on n'a pas le choix.

Monsieur Lamont

J'ai pas de temps à perdre avec les bijoux. As-tu vu le vendeur! Veux-tu ben m'dire pourquoi qu'y ont pas engagé une belle fille?

Georges

Coudon! Les filles, c'est une idée fixe pour toé!

Monsieur Lamont

Non, c'est pas une idée fixe, mais c'est ben beau à r'garder!

Georges

(*Au public*) Tant qu'y fait juste r'garder! (*À monsieur Lamont*) Pis, les affaires?

Monsieur Lamont

Ça roule, j'ai pas à me plaindre.

En attirant l'attention sur son habillement.

T'as pas vu mon costume?

Georges

Ben sûr que j'l'ai vu! En plus, t'as les cheveux plus fournis qu'avant, y m'semble...

Monsieur Lamont

Ouais, pis y sont moins gris, si tu r'gardes ben!

Il soulève son chapeau et la perruque se déplace. Il se dépêche de la replacer en espérant que personne n'a remarqué. Georges fait comme si de rien n'était. Retour de Laurette, qui parade avec sa nouvelle acquisition, la broche tant convoitée.

Georges

Se lève, s'approche de Laurette et examine la GROSSE broche. Il reste bouche bée.

Combien?

Monsieur Lamont

Voyons Georges, c'est pas important, le prix!

Georges

On sait ben, c'est pas toé qui paye... (*S'adressant à Laurette*) COMBIEN?

Laurette

Un petit rien du tout, chéri.

Georges

Un p'tit rien du tout! Même la tour Eiffel brille moins qu'ça!

Monsieur Lamont

Regarde-la, ça lui fait tellement ben, à ta Laurette! Allons, marchons.

LAURETTE

Merci, vous êtes bien gentil, monsieur Lamont!

GEORGES

Si on dépensait des calories maintenant, c'est moins dur su'
l'portefeuille!

*Tous rient de bon cœur et se remettent à marcher Laurette devant les
hommes se dandine pour montrer sa broche. Monsieur Lamont scrute les
alentours, cherchant une nouvelle recrue. Georges, les mains dans les poches,
se détend. Ils font deux tours de scène. Au moment de changer de direction,
Bella Lamont et Louis Capet entrent du côté opposé et se rendent à la
bijouterie. Les autres ne les voient pas. Soudainement, Laurette s'arrête
et se met à crier.*

LAURETTE

Oh! Mon sac! J'ai perdu mon sac!

GEORGES

Tu l'as pas perdu ben loin, j'espère juste que le contenu est encore
dedans.

MONSIEUR LAMONT

Retournons à' bijouterie.

Laurette part en courant.

GEORGES

(*En criant*) Tu y r'tournes pas pour acheter autre chose, compris?
Compris, Laurette?

MONSIEUR LAMONT

Calmez-vous, Georges, a l'est déjà assez énarvée comme ça,
vot'pauvre chérie...

Arrivés en face de la bijouterie, les deux hommes s'assoient à une table.

Assoyons-nous pour l'attendre.

*Ils sont en grande conversation quand Laurette les rejoint; elle a récupéré son
sac. Elle arrive tout énervée.*

Laurette

Mon Dieu! Mon Dieu!

Georges

(*Se levant*) Y avait pus rien dans ta sacoche?

Laurette

Mais non, ce n'est pas ça! Mon Dieu! Mon Dieu!

Georges

Ton portefeuille était vide!

Laurette

Non, je te dis, ce n'est pas ça!

Georges

C'est quoi qui t'énarve de même, d'abord?

Laurette

Vous ne savez pas qui j'ai vu! J'ai...

(*Reprenant son souffle*) J'ai vu... le vieux Louis Capet.

Monsieur Lamont

Le vieux, le vieux, pas si vieux que ça, y a le même âge que moé!

Laurette

Justement, le VIEUX Capet, il était en train d'acheter un collier en diamants à...

Georges

Sa femme... Pis... t'en veux un toé aussi!

Monsieur Lamont

Ben non, quand même, a vient de s'acheter une belle broche!

Laurette

Mais vous n'y êtes pas du tout!

(*Insistante*) Il était en train d'acheter... un collier... en diamants... à une jeune femme...

Laurette termine la phrase à l'oreille de son mari, qui se scandalise aussitôt.

GEORGES

Oh!!!

MONSIEUR LAMONT

Ben voyons! R'viens-en! À une jeune femme, à une jeune femme! A l'a quel âge, la jeune femme?

LAURETTE

Elle a à peu près trente ans.

MONSIEUR LAMONT

Trente ans, y a rien là. Un homme dans la soixantaine pis une femme dans la trentaine, c'est la mode astheure.

GEORGES

T'es pas sérieux quand tu parles de même, Lamont!

LAURETTE

(*Scandalisée*) Ce n'est pas avec une jeune femme que tu vas trouver ta fontaine de jouvence, et LUI NON PLUS!!!

(*Très émotive*) Tu ne comprends pas, Henri Lamont! En plus, ça ne fait même pas un an qu'il a repris la vie commune avec sa femme.

GEORGES

T'as raison! Ç'a pas de bon sens! Ç'a pas d'allure! Y a perdu la tête!

LAURETTE

Il faut que quelqu'un lui parle. J'y vais.

Laurette se lève. Monsieur Lamont et Georges lui mettent tous les deux une main sur l'épaule.

MONSIEUR LAMONT

Non, non, assis-toé.

LAURETTE

(*Se relevant*) Non, j'y vais, je vous dis!

Les deux hommes la rassoient. On voit alors le couple sortir de la bijouterie et se diriger à l'autre bout de la scène, côté cour. Tous reconnaissent la fille de monsieur Lamont, qui se lève; il reste debout, les bras pendants et la bouche ouverte.

MONSIEUR LAMONT

Ma fille Bella!

Nerveux, il enlève son chapeau et la perruque suit. Laurette est sidérée. Georges remet la perruque et le chapeau sur la tête de monsieur Lamont et en profite pour lui faire la morale.

GEORGES

Même si c'est la mode, c'est moins drôle quand la jeune femme, c'est not'fille, hein, Lamont?

MONSIEUR LAMONT

...

GEORGES

C't'effrayant comme ta fille r'semble à ta femme, Lamont. A l'a quel âge, ta Bella?

LAURETTE

Ben voyons, regarde-le donc, la bouche ouverte! Il va faire une syncope! Fais quelque chose, Georges!

GEORGES

Lamont!

Il lui frappe dans le dos pour le sortir de sa torpeur.

LAURETTE

Arrête! Lâche-le, le pauvre homme! Tu vois bien qu'il a de la misère à respirer.

GEORGES

Lamont! Assis-toé! Assis-toé, j'te dis!

MONSIEUR LAMONT

Ben voyons! Ben voyons! Ç'a pas d'bon sens! Y a deux fois son âge! Ma pauvre p'tite fille!

GEORGES

C'est pus une p'tite fille, c'est une femme même si est plus jeune que lui ! (*En faisant un clin d'œil au public*) C'est sa fontaine de jouvence, faut crère...

MONSIEUR LAMONT

Vous avez pas d'allure ! Sans-cœur !

GEORGES

Est majeure pis vaccinée. C'est pas toé qui a déjà dit ça, une phrase de même ?

MONSIEUR LAMONT

Capet ! Voyons donc, Capet, y a au moins soixante ans !

GEORGES

Toé... t'as quel âge, Lamont ?

MONSIEUR LAMONT

Euh...

LAURETTE

La petite caissière, elle, au Van Houtte, elle a quel âge ?

MONSIEUR LAMONT

Ben, me semble que moé, c'est pas pareil, moé, c'est moins pire.

LAURETTE

Pourtant, c'est exactement le même scénario.

GEORGES

Tu vois que, dans l'fond, toé aussi, t'as pas d'allure !

LAURETTE

En tous les cas, il a du goût, Capet ! J'ai tout vu, il lui a acheté un vrai beau bijou !

MONSIEUR LAMONT

Laisse faire le bijou !

(*Se levant*) Faut sauver ma fille.

LAURETTE

Faut sauver toutes les jeunes femmes des vieux fous comme vous deux.

GEORGES

C'est assez d'exercice pour aujourd'hui!

Il se lève et fait mine de partir.

On s'en va! On rentre à' maison!

LAURETTE

Quel exercice? On a surtout parlé; ce n'est pas comme ça que nous allons nous mettre en forme!

GEORGES

D'la manière pis à la vitesse qu'la mâchoire nous fonctionne, si c'est pas de l'exercice, j'me demande c'est quoi.

MONSIEUR LAMONT

Très énervé, il rattrape Georges et Laurette.

Non, non! Vous partez pas comme ça!

Sonnerie du téléphone de monsieur Lamont. En regardant l'afficheur, il chuchote.

Attendez! C'est ma fille... Allô!

LAURETTE

Elle s'assoit.

Chut! Écoute, écoute!

Les deux tendent l'oreille.

MONSIEUR LAMONT

T'étais OÙ ÇA?... Au centre d'achats... Ça se peut-tu que j't'aie vue si j'prenais un café au Van Houtte?... Oui, oui... justement... avec Ti-Louis Capet!... Qu'est-ce que TU FAISAIS LÀ? Qu'est-ce que tu FAISAIS AVEC LUI?... QUOI?... Un collier POUR... sa FEMME?

LAURETTE

Elle donne un coup de coude à Georges.

Pour sa femme ?

GEORGES

Y est encore avec sa femme, de même ?

MONSIEUR LAMONT

T'étais avec lui pour l'aider... à choisir un collier... pour elle ?... Ben oui, chus encore là !

LAURETTE

Je l'savais ! Je l'savais donc !

GEORGES

Avoue ! Tu l'savais pas pantoute ! T'es encore partie en peur !

MONSIEUR LAMONT

J't'attends à la maison pour souper...

(Il raccroche) J'en r'viens pas !

(S'adressant à Laurette et Georges) Bella était avec Ti-Louis parce qu'a... l'aidait à choisir... un collier... pour sa femme.

Les trois comédiens s'avancent vers le bord de la scène, face au public.

TOUS

Ça nous apprendra ! Faut jamais s'fier aux apparences !

Fin

Claire Jenny

BOUFFÉES D'AIR ET LARMES À L'ŒIL

Pourquoi danser là où le mouvement n'est pas considéré ?

Pourquoi avoir le désir d'emporter dans la danse des corps reclus ou ceux en «kit» d'enfants bousculés dans leurs contextes de vie ?

Pour épauler ? Secourir ? Soigner ?... Non, sûrement pas !

Alors quoi ?

Inventer, renouveler l'idée de l'hygiène corporelle.

Prendre soin de soi, de son corps, de l'autre, de celui de l'autre.

Traverser ensemble les plaisirs d'être juste à l'écoute de ce que l'on ressent, d'imaginer une expression de soi éloignée de toute représentation préétablie, imposée par des normes culturelles, sociales, politiques.

Risquer la découverte de son altérité, de celle des autres.

Oser se vivre, se penser, se déplacer, se projeter ailleurs, différemment.

Changer de point de vue, d'axes, sursauter, rebondir dans une allégorie dansée de soi sensible, intime, parfois inconnue, incongrue, surprenante... quel que soit le contexte.

Éprouver le plaisir de toucher l'autre, au sens propre comme au sens figuré.

Se voir, se percevoir, se regarder autrement dans les yeux de l'autre, dans les ressentis de l'autre.

Apprendre de soi, de nous, par l'autre et dans le mouvement. Ensemble, découvrir, connaître et reconnaître, composer le sens de nos failles / fêlures / affaissements / immobilisations / chocs / instabilités / chemins escarpés / obsessions / chutes... colmatages / pansements /

redressements / élans / étreintes / aplombs / horizons apaisés / changements de cap / constructions...

Démultiplier ces instants fugaces, intenses, emplis de poésie où l'autre dansant devant nous, avec nous, est submergé par un plaisir profond, essentiel, aigu : la découverte qu'un autre ressenti de soi, qu'un mouvement de soi, s'opèrent.

Se laisser happer par l'émotion qui nous submerge : bouffées d'air et larmes à l'œil...

55

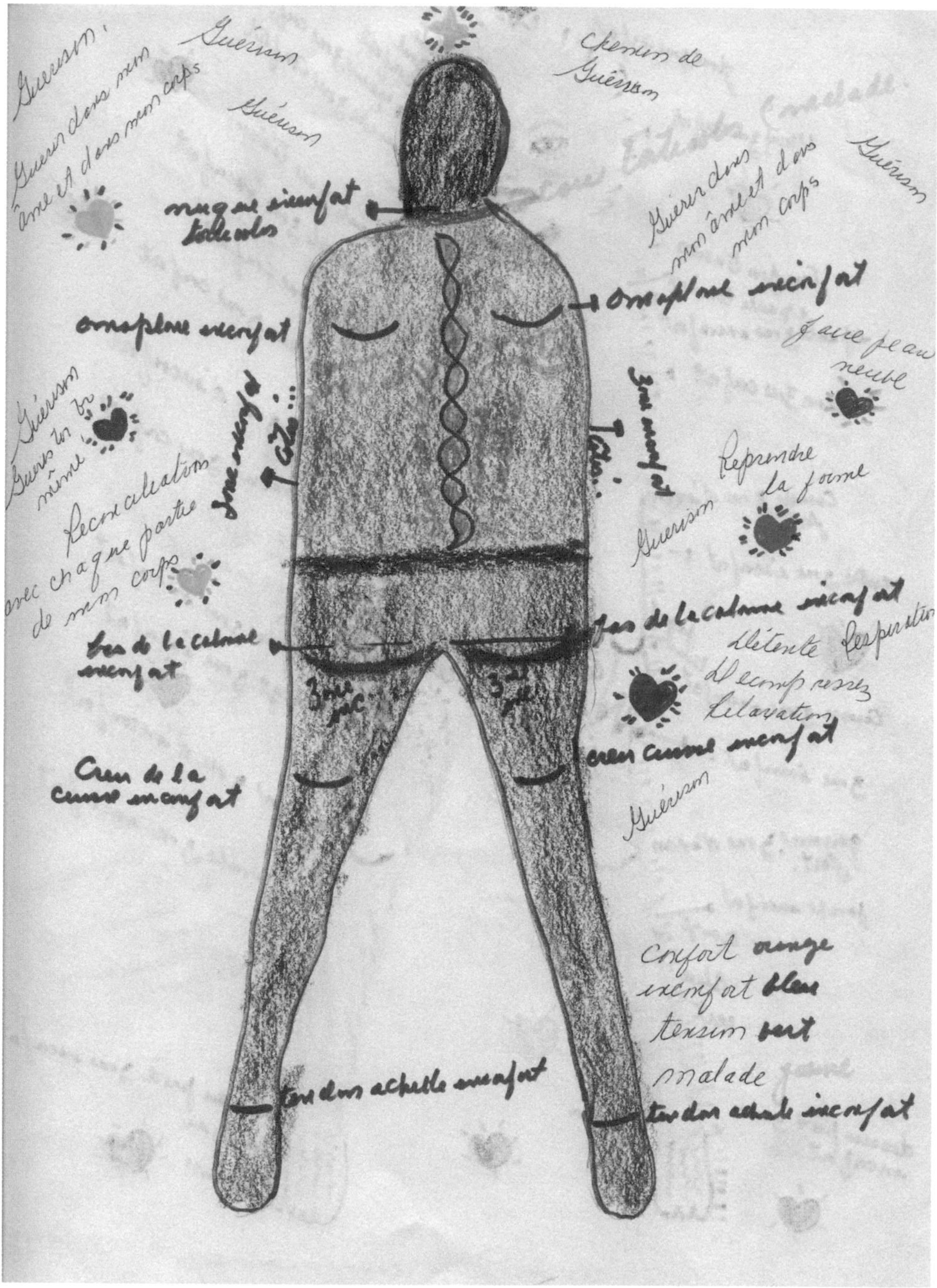

Guérison
Guérison
Guérison
Chemin de Guérison
Guérison
Faire peau neuve
Reprendre la forme
Guérison
Détente
Respiration
Décompressez
Relaxation
Guérison
Confort orange
malade

II. LE CENTRE PÉNITENTIAIRE POUR FEMMES DE MARSEILLE

Sylvie Frigon @ Le Centre pénitentiaire pour femmes de Marseille

Sylvie Frigon est titulaire d'un doctorat de l'Institut de criminologie de l'Université de Cambridge, en Angleterre. Elle est professeure au département de criminologie de la Faculté des sciences sociales de l'Université d'Ottawa, où elle est titulaire d'une chaire de recherche facultaire, « La prison dans la culture, la culture dans la prison ». Elle a publié deux romans et plusieurs essais. Elle a été finaliste aux prix littéraires Le Droit et Trillium. Son travail lui a valu le Prix d'excellence en enseignement de la Faculté des sciences sociales de l'Université d'Ottawa (2010) ainsi que le Prix Beccaria remis par la Société de criminologie du Québec (2013). Elle amorce un troisième roman, tout en poursuivant ses collaborations artistiques, notamment à titre de consultante pour Léa Pool sur un projet de documentaire. Elle est invitée comme *Visiting Fellow* au Peterhouse College de l'Université de Cambridge au printemps 2014.

POUR LAISSER LIBRE COURS À L'IMAGINAIRE

Les ateliers d'écriture ont fourni l'occasion pour les femmes détenues au Centre pénitentiaire de Marseille de s'engager dans un processus créatif visant le développement d'un court texte. Ces ateliers ont eu lieu dans le cadre du cours de français donné par

Corinne Besset sur une période de deux semaines à raison de deux ou trois rencontres par semaine. Les activités proposées visaient à stimuler l'intérêt pour l'écriture, la découverte de techniques variées, ainsi que les échanges et la collaboration entre les participantes au sein du groupe. Celles-ci étaient d'abord invitées à la création libre et spontanée par l'entremise d'exercices variés. Dans le but de faciliter et d'enrichir l'expression écrite, elles étaient également encouragées à recourir à des techniques d'expression artistique visuelle à l'aide de divers médiums (crayon, pastel, fusain, etc.).

En guise de carte, de boussole, plusieurs exercices de réchauffement, collectifs et individuels, ont invité les participantes à laisser libre cours à leur imaginaire. Ma démarche a été inspirée par *Le journal créatif* d'Anne-Marie Jobin (2002). Les exercices de réchauffement comprennent par exemple « mots sur image ». Parmi des images tirées de revues, la participante en choisit une, qu'elle colle sur un carton. Elle imagine ensuite l'histoire de l'image – ce qu'elle raconte – comme si elle était la photographe ou encore l'un des « sujets » qui y figurent : « Comment cette histoire peut-elle être liée à moi, à mon expérience personnelle ? »

La création d'une lettre fictive a également eu une place de choix dans ma démarche : cet exercice consiste à choisir un destinataire – que ce soit une personne (soi-même, une personne importante pour soi, que l'on connaît ou que l'on a connue, un personnage imaginaire), une partie de soi (son corps, son cœur, etc.) ou même la vie – et à lui écrire une lettre de manière spontanée, en s'exprimant librement, ouvertement et rapidement, sans trop réfléchir ni se relire.

Un exercice qui suscite beaucoup d'introspection s'intitule « Je me suis regardée dans le miroir et j'ai vu » ; il était suivi d'un autre exercice qui consiste à créer un personnage. Un autre exercice de réchauffement utilisé est le cadavre exquis, un jeu collectif inventé par les Surréalistes. Il s'agit d'une histoire composée par plusieurs personnes, qui en ajoutent une partie à tour de rôle (quelques mots, une ligne) sans voir ce que les autres ont écrit. En voici deux exemples tirés des ateliers :

Tous les mois j'ai un parloir double avec mon ami, quand il s'en va,
je suis triste et attends avec impatience le mois d'après/

J'imagine un beau coucher de soleil au bord de mer/

C'est pour ça que la porte est ouverte.../

Les larmes salées retrouvent ta joue satinée et parfumée... souvenir...
écho?/

Je voudrais bien la pause, il est presque 10h!

J'ai l'impression que le printemps joue à cache-cache. L'été n'est pas
prêt à nous dévoiler tous ses charmes ensoleillés/

J'imagine tes petites mains coquines/

La pluie ne s'arrête pas, on dirait pas la fin mai/

Quand j'étais en vacances en été, j'allais en Vendée/

Demain est un autre jour qui se lève/

Et il sortit tous ses crayons de couleur pour colorier le monde
et sa grisaille.

CADAVRES EXQUIS

par Zohra, Manora, Choka, Lathika, Kayliah, Chaima

Le nuage est gris et beau. [...] Le vent déchaîné... les cheveux en bataille. [...] Le temps est beau. [...] Le soleil vient de se lever c'est beau. [...] Il fait froid ce matin. Le bleu du ciel m'enivre.

J'ai envie de manger du chocolat. L'odeur du bon pain... maman ici c'est toujours pareil. [...] Je veux manger un croissant chaud. [...] J'aime le chocolat blanc avec des noisettes. [...] J'ai envie d'une bonne soupe de ma grand-mère.

J'ai besoin d'amour. [...] L'amour est le plus grand des bonheurs. Et le sens de l'amour m'apparaît perdu pour toujours... Sur ton visage des rides, la vie... histoire racontée [...] Des mots d'amour sur du papier fleuri jauni. [...] Les larmes salées retrouvent ta joue satinée et parfumée... souvenir... écho? [...] Moi je t'aime et ça ne changera pas. [...] L'espoir fait vivre.

[...] Je voudrais sortir de là, croyez-vous que c'est possible? [...] J'aime la chaleur du soleil, ici dans les cellules il fait froid. Nous sommes ici et les pigeons volent au-dessus de nous, libres... eux. J'ai l'impression que le temps est figé, les jours sont longs, interminables et ennuyeux. J'ai hâte d'ouvrir cette cage et de m'envoler. [...] Des rêves plein la tête. [...] Je veux la liberté. [...] J'ai besoin de la liberté. [...] La prison des Baumettes me rend folle. [...] Je suis enfermée, à l'école. Le temps est long.

T'es belle comme une abeille. Je t'aime. Des larmes de joie m'exaltent de toi. Des bises SVP. Je m'ennuie de toi. [...] Tu me manques beaucoup. Je t'aime fort. [...] J'ai hâte de te voir et de te serrer fort dans mes bras. [...] Je t'aime à la folie. [...] La musique de tes mots me manque. [...] Roina je t'aime à la folie de l'amour qui tue.

La princesse magique
par Lathika, le 22 mai 2012

Il était une fois une princesse qui vivait dans l'océan. La journée, elle vivait dans son château et le soir elle se transformait en poisson. Un soir, la princesse est allée se promener avec ses amies poissons dans l'océan. Elle jouait à cache-cache, d'un seul coup elle se retrouve dans un endroit sombre. Elle s'était perdue, elle avait très peur, elle sent un tourbillon près d'elle. Elle se fait avaler par la tornade et se retrouve attachée dans une grotte. Une méchante sorcière l'avait enlevée, elle criait criait et personne ne l'entendait. Ses amies poissons la cherchent partout; son meilleur ami poisson lui aussi se fait avaler et il se retrouve dans la même situation. Mais la sorcière ne savait pas que ce poisson avait des pouvoirs magiques et qu'il pouvait envoyer des signaux à ses copains. Ses copains reçoivent les signaux et ils alertent le roi de l'océan. Le roi envoya une armée, il tua la sorcière et délivra la princesse et son ami.

Dans la mer
par Johanna

Il était une fois, tout au fond de l'océan, une famille de sirènes : trois sœurs qui s'appellaient Kayliah, Wendy et Soraya. Elles allaient chercher à manger pour le vieux père, qui était très malade. Elles chantaient tout en nageant. Kayliah, la plus jeune, âgée de vingt ans et qui était très amie avec les dauphins, remonta à la surface pour sauter avec les dauphins et elle se cogna la tête contre un paquebot qui se dirigeait vers l'Île de la Réunion.

Elle souleva la tête et vit un bel homme qui était en train de fumer une cigarette tout en pêchant. Elle l'interpella, car elle avait aperçu un espadon se débattant au bout du harpon. Elle était très en colère et lui demanda : «Relâchez cet espadon immédiatement, sur-le-champ!» Il lui répondit : «Cet espadon servira à nourrir les autres occupants du bateau.» L'homme ne le relâcha pas, lui tourna le dos et partit. Kayliah, vexée, retourna vers son père et lui donna à manger.

Princesse Marseille

par Choka

Il était une fois une femme prénommée Nina qui se promenait dans Marseille.

Elle ne connaissait pas cette ville mais elle appréciait son charme et ses différents monuments.

Elle passait son temps à visiter, à saluer les gens qu'elle croisait. Des fois elle se faisait inviter à manger.

Tout le monde la connaissait, même si elle n'était pas marseillaise, elle était acceptée dans cette ville comme si elle y avait toujours habité.

Un jour, elle rencontre un homme, Cédric, l'homme de sa vie. Une relation s'installe, des enfants naissent. Le vrai bonheur.

Mais, un jour, en rentrant de l'école, sa fille Anaïs lui dit que, dans sa classe, elle a une copine qui porte le même nom de famille qu'elle. Sa mère lui dit : «C'est bizarre, on est les seuls à s'appeler comme ça.»

Sa fille lui répond : «Mais maman, je te promets que ma copine Juana porte le même nom que moi et, en plus, elle me ressemble. Même les profs nous ont demandé si on était sœurs.»

La discussion en resta là. Mais Nina décida d'enquêter de son côté : connaissant son mari, qui avait un penchant pour les belles femmes, elle se posait des questions.

Le week-end, elle décida de suivre son mari et là, quelle surprise, elle vit son homme en compagnie d'une femme, mais pas une femme normale, une vraie princesse.

Nina se mit à pleurer, et elle rentra chez elle.

Le dimanche soir, Cédric trouva sa femme assise dans le fauteuil du salon, en pleurs.

Il lui demanda : «Pourquoi tu pleures ?»

Elle lui raconta ce que lui avait dit leur fille Anaïs. Cédric, pris au piège, décida de dire la vérité à Nina. En effet, il avait une double vie avec Juanita, la princesse de Marseille, et il avait bien une fille qui s'appelait Juana.

Nina découvrit le vrai visage de son mari, un homme qu'elle avait tant aimé et pour qui elle avait tant donné.

Ne pouvant surmonter son chagrin, elle appela sa copine Fatima. Pour lui changer les idées, cette dernière décida de faire un pique-nique.

Mais le malheur poursuivant Nina, Cédric et Juanita avaient eux aussi décidé de pique-niquer.

Nina, prise d'une folie en voyant le couple s'enlacer, se leva et courut dans leur direction.

Une bagarre éclata et Nina poussa Juanita dans les chutes du Niagara. L'endroit où quelques années plus tôt elle avait rencontré son mari Cédric.

LA CORNE BRISÉE
par Babe

Il était une fois, au pays des chevaux onchantés, une licorne nommée Psychie qui aimait plus que tout se déguiser. Un jour, alors qu'elle se baladait fièrement avec sa belle corne multicolore, elle rencontra un animal étrange. Il avait quatre pattes, un museau mais aucune corne. Psychie, étonnée, se tourna vers cette étrangeté et lui demanda d'où il venait, qui il était. L'animal, Pete, lui expliqua qu'il y a quelques années de cela, lui aussi avait une belle et grande corne, elle était sa fierté. Mais, un jour, alors qu'il sortait d'un banquet, il avait été pris au milieu d'une bagarre. Pendant cette rixe, sa corne se brisa, ce qui transforma la licorne en simple cheval.

Psychie écouta attentivement l'histoire de Pete. Elle était triste pour lui.

C'est alors que le cheval lui expliqua que le plus difficile pour lui n'était pas la perte de sa corne, mais le temps qu'il avait dû passer en prison après la bagarre. Cette prison où le temps semblait s'être arrêté, où l'insalubrité se trouvait dans tout le box et où, surtout, jamais aucun carnaval n'était célébré.

Psychie, qui ne ratait jamais l'occasion d'enfiler ses plus beaux habits, prit conscience de la morosité qu'il devait y avoir dans cette prison. Alors elle prit la décision suivante : une semaine plus tard, lors du Carnaval de Venise, elle se rendrait, les pattes chargées de costumes, au contact des prisonniers.

Dès son arrivée dans la grande cour de la prison, beaucoup de monde l'attendait et l'acclamait. Tous enfilèrent une parure, une dorure, et commencèrent à défiler au son des sifflets et des tambours.

Psychie regardait avec bonheur toutes ces couleurs et toute cette joie autour d'elle. C'est alors qu'elle se promit de revenir chaque année en compagnie de ses costumes et de Pete, pour apporter, pendant une courte journée, de l'amour et de la gaieté dans un lieu ou règnent généralement la haine et la tristesse.

JE ME SUIS REGARDÉE DANS LE MIROIR ET J'AI VU...
par V

Une ombrelle, une fleur de printemps sous une pluie battante. L'orage, j'ai vu l'orage, la défaite nocturne, la pluie qui vient d'en dessous. Le sol est instable, marcher c'est parfois trébucher, mais je me suis relevée et parfois je vole.

J'aimerais voler constamment et être en sécurité, ne plus avoir peur de moi-même et du plancher. Sentir la force de mes jambes pour me soutenir, quoi qu'il arrive. Ne plus laisser les colosses me démolir ou me manquer de respect.

Je me suis regardée dans le miroir et j'ai vu une petite fille terrifiée et appauvrie par des colosses intimes et quotidiens.

Maman, j'ai peur de toi, de tes caresses venimeuses, de ta destruction inconsciente et infantile. De tes menaces aveugles et sourdes, de ton besoin de ma fragilité, de ton désir de mes pieds cassés et de mes propres mains tendues vers ma mort où tu rayonnerais victorieuse de tes bêtises d'orgueil.

Je me suis regardée dans le miroir et j'ai vu... une petite fille qui tente de se relever alors que le plancher a cédé. Le sol fissuré.

Je me suis regardée dans le miroir et j'ai vu...
par Zohra

Je me suis regardée dans le miroir et j'ai vu, j'ai vu une âme en peine, triste d'être enfermée sans oxygène de liberté.

Une âme sans vie, fanée et vieille.

Les cheveux blancs ont poussé à force de penser.

Je vois dans ce miroir des regrets, des regrets d'avoir commis certaines erreurs qui m'ont conduite ici aujourd'hui.

Je vois à travers moi ma famille, mes parents et mon mari.

Tristes pour moi, tristes que je sois là, que je ne sois pas avec eux.

Je pense à ce que j'étais et à ce que je suis devenue. Toujours à vagabonder, soif de découvrir et de liberté.

Maintenant je suis là enfermée dans ces quatre murs.

Voilà ce que je vois dans ce miroir.

Je préfère ne pas voir pour ne pas avoir mal de ce que je vois.

JE ME SUIS REGARDÉE DANS LE MIROIR ET J'AI VU...
par Maëlly

Je me suis regardée dans le miroir et j'ai vu beaucoup de tristesse dans mes yeux, j'ai vu la tristesse d'avoir échoué, d'avoir tout perdu, jusqu'à même ma liberté !

J'ai vu mes rêves et projets s'envoler, réduits à néant.

J'ai vu en moi un retour en arrière, un flashback, une régression ; bref un échec impardonnable.

Je me suis dit que j'avais vu trop grand trop vite, croyant pouvoir rattraper le temps perdu, aveuglée par ma gourmandise.

Je n'ai pas su m'arrêter à temps.

J'ai vu en moi une droguée ; droguée par un vice que je n'arrive pas à contrôler et qui me poursuit et me colle à la peau !

Enfin, je me suis vue vieillie, lassée, fatiguée, déçue de moi-même et, surtout, déçue de ne pas avoir su rendre fiers de moi et heureux ceux qui comptent dans mon cœur. Je me suis regardée dans le miroir et je leur ai demandé pardon. Suis-je encore pardonnable ?

JE ME SUIS REGARDÉE DANS LE MIROIR ET J'AI VU...
par Dorian

Toute la tristesse du monde, la peur de rester enfermée à vie dans cette cellule où il fait froid, j'ai vu mes larmes couler dans mes instants de dépression. Je me suis vue penser à ce que mon ami et moi avons fait dehors, et en rire. Je me suis vue passer mon certificat de niveau 1 de secourisme. Je me suis vue me réveiller à l'hôpital après quinze jours de coma, branchée de partout à la suite d'une overdose médicamenteuse. Je me suis vue heureuse qu'un homme que je ne connaissais pas se porte garant de ma sortie en provisoire, qu'il m'accueille deux ans chez lui et que l'on se soit si bien entendus que dès que je sors de la prison nous nous marierions.

Parloir intérieur, Jane Evelyn Atwood, 1991

LETTRE FICTIVE
par Dorian

15.05.2012

Cher AMOUR, cher ALAIN,

Quelle joie de te voir une fois par mois au parloir !

Je sais que financièrement c'est dur pour toi, mais

Ce geste représente tout l'amour que tu me portes.

Un mois cela passe lentement et quand nous nous

Voyons, le temps passe si vite, nous parlons de choses et d'autres main dans la main.

Pendant l'heure du parloir, nous évoquons également notre futur Mariage ; puis il vient l'heure de nous séparer en nous promettant de nous revoir le mois suivant. Une dernière embrassade, nous nous serrons très fort et c'est avec beaucoup de tristesse que je te vois disparaître.

LETTRE À TOI MAMAN
par Zohra

15/05/2012

Aujourd'hui ça fait six mois que je suis enfermée.

Être loin de toi, séparée de toi, de ton odeur, de ton corps, me ronge.

Le fait de te savoir inquiète pour moi hante mes pensées.

Quand je t'appelle, tu me demandes comment je vais et moi je me demande comme tu vas.

Est-ce que tu manges ?

Est-ce que tu dors ?

Est-ce que tu vis tout simplement ?

Je pense aux larmes et aux images qui doivent s'endormir avec toi.

La dernière fois, je t'ai promis que ça serait fini, mais le passé nous rattrape toujours et la vie a fait que je suis revenue.

J'ai accéléré ta vieillesse et je le regrette du fond du cœur.

Cette fois, je te promets que tout est terminé.

Je te promets la vie que tu souhaites avec tout le bonheur, la paix que tu mérites.

Mais pour cela et pour que je tienne le coup, j'ai besoin que toi, que tu me fasses une seule promesse : c'est de prendre soin de toi.

KAYLIAH

Elle s'appelle Kayliah, elle a vingt et un ans, elle a les cheveux longs jusqu'aux fesses, elle a les yeux marron noisette avec de longs cils. Elle a un mauvais caractère car elle n'aime pas attendre, elle n'est pas patiente, elle n'a pas de petit copain mais elle a beaucoup de copines et elle aime sortir, rigoler.

Elle désire trouver l'amour, pour elle l'amour c'est avec son homme ça ne fait plus qu'un, mais elle n'a plus l'espoir de le trouver car, pour elle, ça n'existe plus parce que y a toujours des problèmes.

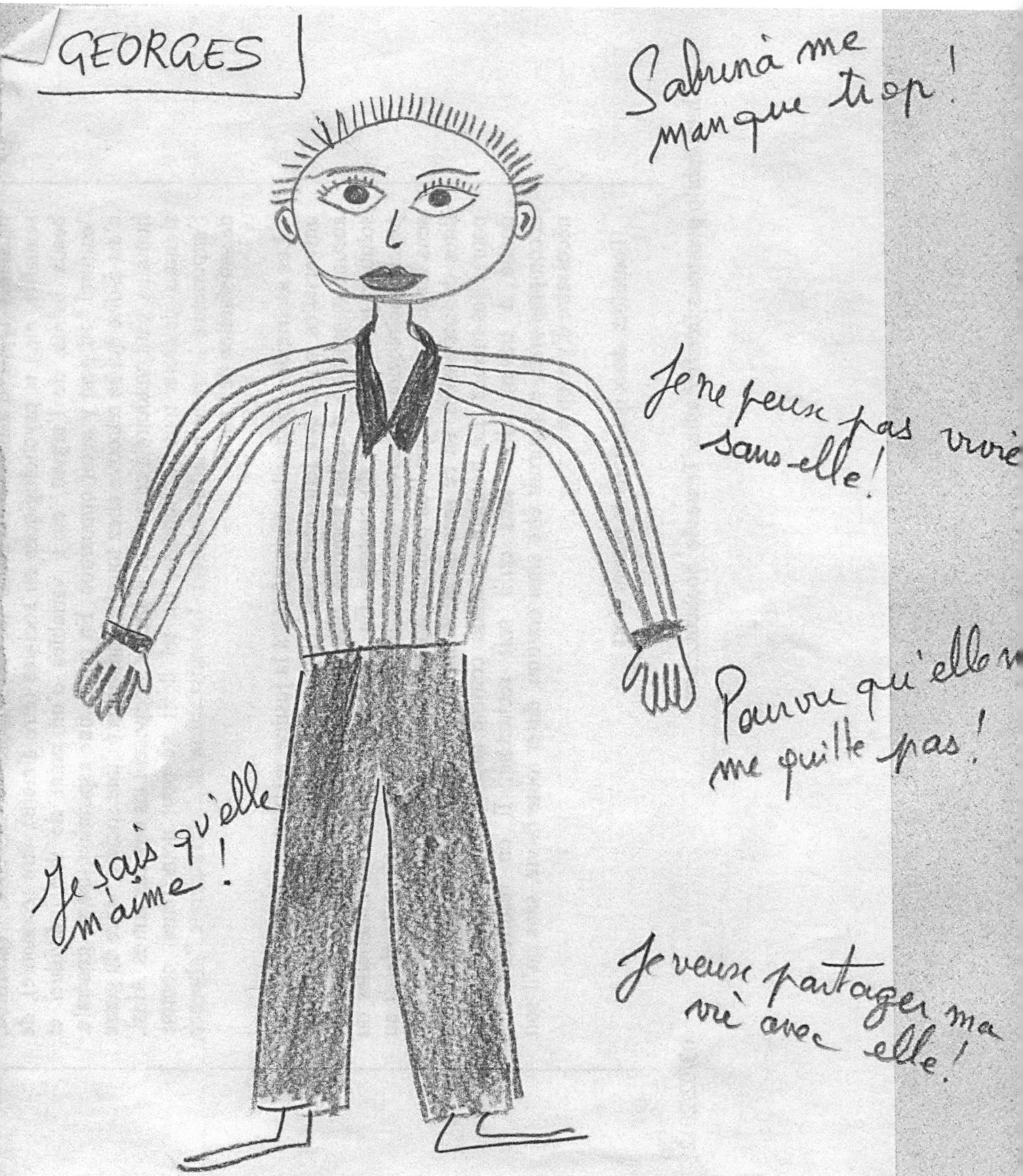
GEORGES
Sabrina me manque trop!
Je ne peux pas vivre sans elle!
Pourvu qu'elle
me quitte pas!
Je sais qu'elle m'aime!
Je veux partager ma vie avec elle!

CENDRELLA

par Manora

Il était une fois

Ma belle-mère est très méchante ; j'attends mon prince ; je suis une boniche ; je souffre ; j'attends mon rêve ; ils ont déchiré mes vêtements ; au palais du roi ; j'ai passé une très belle soirée ; enfin nous sommes heureux pour la vie ; la fée m'a aidée à trouver mon prince ; au secours ; je veux sortir de cette misère ; Dieu vient à mon aide ; mes demi-sœurs sont jalouses de moi.

Juliette love Jo

Alan Côté

♩. = 66

5 B m7 / Em

1. Ju – liette é - touffe dans sa cel - lule, elle trem - ble___
2. Une lettre de Jo pour Ju – liette qui sou – pi – re___

7 B m7 / Em

Pense à son fils, une tête qui lui res - sem - ble___
Sen - tence a vie la femme qu'elle aime cha - vi - re___

9 C / Em / C

Con - dam - née à l'ab - sence, dé - chi - rée___ Con - dam - née au si - lence comme
Trop de mots dans sa tête, bous - cu - lés___ Cé - der à___ sa tem - pête s'tail -

12 Em / C

___ dam - née___ Ju – liette love
- a - der___

14 G / C / 1. B m7 / D

Jo C'est___ gra - vé___ dans le mur___

17 2. B m7 / D / C / G / Am

le mur___ Ju – liette love Jo Ta - tou - é___ sur

72

sa peau___ Tail - la - dées___ É - cor - chées

Ju - liette sor tic de sa pri son fris - son - ne___

Elle cherche en vain un pa - tron qui par - don - ne___

Con - dam - nee au men - songe, elle plonge Con - dam - née par son monde, elle

sombre C'est le chant triste, doux et vio - lent des fem - mes___

Em - pri - son - nées dans leur corps et leur dra - me___ L'eu - pho - rie a le goût des

larmes L'eu - pho - rie a le goût___ É - cor - chées

Ju - liette love Jo Ju - liette love - Jo

Papa est en prison.

DERRIÈRE SA TÉLÉVISION OU SON ORDINATEUR IL ÉPIE LES deux seins

D'UNE ADO Anorexique

UNE **SPÉCIALISTE DE L'ÉVASION**

COMMENT CHANGER

un papa d'estrade

QUI CARBURE AUX RÉALITÉ

qui font peur COMME

DES films D'HORREUR ?

UN BAISER dégoûtant

DES enfants TERRIFIÉS

pour la vie

Michel Ouellette

L'enfermement du firmament

Mieux l'enfermement du firmament

Être une étoile collée sur la voûte céleste

Une étoile

Dans la marge de mon dossier

«Bonne conduite»

En faire mieux

Mais tout m'enferre

C'est l'enfer

Tout m'enferme

C'est l'enfer

Enferré dans mes complications

Je suis infirme

Faible dans la faille de mes défaillances

Même si je danse

Dans la forteresse de mon corps

Défendu

Mal défendu

Propulsé contre les murs fermes du coffre-corps des désirs

Qui renferme les contrecoups de mon enfance défoncée

Je m'encage en moi-même

Incarcéré

Serré dans ma chair

Je reste restreint

Restent les restes de mes élans vains vers les étoiles

Tension rompue vers l'envers du ciel

Firmament déchu qui m'enterre

Entre les marges de ce qui m'adosse aux murs qui m'enferment

Le rythme pulse

Dans le forage intérieur

Dans la forêt lunaire

Dans la forge

La lumière pulsée d'une étoile sidérée par le choc violent des violences d'en bas

M'aveugle, m'avale, me lave

Faire amende honorable

Je m'amende

Je m'honore

Enfin

Perce l'aurore entre les barreaux de ma petite chambre

Qui me scelle

Qui m'esseule

La barre du jour veut m'accueillir

Le soleil m'offre son sourire

Mieux l'enfermement du firmament

Être

1er novembre 2012

III. L'ÉTABLISSEMENT LECLERC

Guy Thibodeau @ Établissement Leclerc

Guy Thibodeau, originaire de Hawkesbury, est un retraité de l'enseignement. Il a touché à diverses disciplines comme le théâtre, la télévision et le cinéma. Et, comme loisir, il s'adonne au chant choral. Depuis plusieurs années, il fait partie du Cercle des conteurs et conteuses de l'Est de l'Ontario, dont il est le coordonnateur. Il a travaillé comme recherchiste et chroniqueur pour TFO, la chaîne de télévision française en Ontario; toujours pour TFO, il a aussi rédigé des fiches scénarisées pour plusieurs modules à caractère pédagogique. Au cinéma, il a tenu le rôle titre dans le film *Un homme à sa fenêtre*, réalisé par Pierre Vallée pour l'Office national du film. Il a également participé à titre de comédien à deux courts métrages réalisés par Jocelyn Forgues, *Embargo* et *Mémoires d'un magasin général*.

JOURNAL DE BORD :
CHRONIQUES SUR L'INITIATION AU CONTE

PREMIÈRE RENCONTRE

Ce qui m'anime ce matin-là

Depuis quelque temps, j'ai intégré à mon rituel du matin la lecture d'un conte puisé dans *Le livre des contes*, sous-titré *Contes de bons conseils pour questions secrètes*, d'Henri Gougaud. Ce matin-là, avant de me rendre à l'Institut Leclerc, j'ai lu *Le manteau vide* et j'ai été profondément touché. Il s'agissait pour moi d'une indication concernant l'attitude à adopter face à cette série d'ateliers que j'entreprenais en milieu carcéral. J'y découvrais en quelque sorte l'importance de la part de silence qu'on doit accorder dans tout dialogue authentique.

J'ai compris que ce conte était la réponse à mon intention de lecture : quelle attitude adopter aujourd'hui avec ces hommes qui m'accueillent ? Je veux être à leur écoute. Je désire faire un contact véritable. Face à l'expérience qui m'attend, je veux me faire accueillant à leur réalité dont j'ignore tout.

En arrivant à l'Institut Leclerc

Sylvie Frigon, la coordonnatrice du projet, m'accompagne. En arrivant dans le secteur, ce qui me frappe, c'est le dispositif de sécurité qui prévaut partout ; une double clôture et tout en haut, des fils barbelés et dans un coin, une tour de guet. J'ai l'impression d'être devant un camp de concentration, et ce, à moins de trente minutes du centre-ville de Montréal, du carré Saint-Louis, plus précisément ! Quel contraste !

Ensuite, je suis confronté à une lourde porte qui aussitôt franchie est suivie d'une impressionnante barrière activée à distance.

Puis, c'est la ronde qui commence: fouille, détecteur de métal, de drogue, identification, inscription au registre des visiteurs, dépouillement de montre, rangement d'objets personnels dans une case dont on me remet la clé, tourniquet, succession de corridors, encore une autre porte munie de barres de métal activée par un préposé dans un poste d'observation derrière une vitre que je devine pare-balles. Et enfin, arrivée à la section qui tient lieu d'école. Ici, étrange contraste! J'ai l'impression d'être dans un vieux collège. Des hommes, de tout âge, avec des manteaux d'hiver de couleur identique, échangent, rient et esquissent un regard furtif dans notre direction. Ils reviennent d'un temps de pause à l'extérieur.

Nous avons droit à un accueil des plus chaleureux et bienveillant de la part du personnel enseignant et de la direction de l'école. De prime abord, l'enseignante, Lucie Chicoine, nous prévient: «Il faudra faire preuve de flexibilité. On ne force pas; ceux qui ne sont pas intéressés retourneront à leur cours de mathématiques ou de français.»

Début de l'atelier

Rassemblés autour d'une table se trouvent huit hommes ainsi que Sylvie et Lucie. L'atelier débute avec l'activité brise-glace, qui consiste à se présenter en utilisant la formule *Il était une fois un gars qui s'appelait un tel et qui venait de telle place*. Chacun doit donner un bref aperçu de son parcours de vie et terminer en précisant pourquoi il désire participer à l'atelier. Tous embarquent sauf Égid qui, les bras croisés, nous dit: *J'suis ici pour écouter*. Tout de même, l'exercice réussit à détendre l'atmosphère. Je pose la question à l'un d'eux: *Pourquoi es-tu ici?* J'aurais dû préciser «Pourquoi es-tu inscrit à cet atelier?» Et lui de me répondre: «Ben! C'est pour du trafic...» Aussitôt, c'est l'éclat de rire général. Cette maladresse de ma part me permet de préciser qu'on n'abordera pas cet aspect de leur vie. Un autre saisit tout de même l'occasion pour dire que s'il est ici, c'est parce que l'école l'a lâché.

J'enchaîne en leur remettant un questionnaire qu'ils devront compléter à la suite du conte que je vais leur présenter. Il s'agit en fait d'établir au moyen de ces questions les composantes du schéma narratif. Ensuite, réaménagement des lieux – coin du conteur et auditeurs assis autour en demi-cercle. J'en profite pour parler du rituel du conteur, de son espace, du silence qu'il impose.

Je conte *Le beau berger* ou *T'as menti*, un conte tiré du recueil *Les vieux m'ont conté*, du père Germain Lemieux. À la fin du conte, je constate que les gars ont semblé apprécier. L'un d'eux mentionne : « Tes petits-enfants doivent aimer ça, t'écouter conter ! » Du même coup, un autre, manifestement impressionné, nous disait qu'il avait anticipé la fin, mais que ce qui l'avait frappé surtout c'est que ça lui rappelait sa grand-mère en Afrique qui lui racontait des histoires alors qu'il était enfant.

Par la suite, je leur explique les composantes du schéma narratif. Comme le conte que je viens de leur présenter s'inscrit dans la lignée de ceux racontés dans les chantiers, dans les cuisines ou encore autour d'un feu de camp, je les invite à se remémorer une histoire qu'ils auraient déjà entendue ou même qu'ils auraient envie d'inventer tout en complétant la grille du schéma narratif. Le silence s'installe et pendant plus de dix minutes, je les observe, impressionné par l'application qu'ils y mettent. Puis, c'est la pause.

Au retour, je regroupe les gars en dyades. La consigne est la suivante : le premier présente son conte à l'aide de son schéma tandis que l'autre écoute attentivement parce qu'en deuxième partie, c'est lui qui présentera aux autres les grandes lignes du conte qu'il aura entendu. Ensuite, ils alterneront.

Je suis jumelé avec un des gars. Son histoire raconte celle d'un homme déçu que son fils n'ait pas choisi la profession qu'il aurait souhaitée. Et tout bêtement, il le désavoue. Je ne peux m'empêcher de croire qu'il vient de me raconter les raisons profondes de son incarcération. C'était un type brillant. Je ne l'ai plus jamais revu : il a été libéré la semaine suivante.

Lors de la mise en commun, les gars livrent un compte-rendu de l'histoire qu'ils ont entendue. Cela suscite beaucoup d'enthousiasme. Au cours de la semaine, l'enseignante les amènera à écrire leur conte en prévision de la deuxième rencontre. En terminant, je leur dis que j'ai bien apprécié leur accueil, ce qu'ils ont partagé et leur réceptivité face à ce qui leur a été proposé comme exercices. Je demande à chacun de dire en un mot comment ils se sentent à la fin de ce premier atelier. Voici les mots entendus : rêve, ailleurs, fascinant, intéressant, évadé, divertissant, transporté, créatif, différent.

Déjà, on émet la possibilité que pour le dernier atelier, on puisse tenir une activité au cours de laquelle les contes seraient contés devant des invités. La session prend fin dans la bonne humeur et on se donne rendez-vous la semaine prochaine.

De retour à la maison

Après l'atelier, je file directement à la maison. À 19 h, j'y suis, après trois heures de route. Je suis fatigué... j'ai faim, je me sens sonné... comme après une expérience éprouvante. Pourtant, tout s'est bien déroulé !

Le lendemain matin, au réveil, je ressens un effet de lourdeur, comme si je ployais sous le poids d'une chape de plomb. Mon sentiment de la veille persiste ; c'est trop difficile, ça me demande trop, que je me dis. Je doute de la valeur de l'exercice ; je ressens un sentiment de contrainte, je me sens triste quand je pense au sort de ces gars. Qu'est-ce qui a bien pu les entraîner dans cette dérive ? Je ne peux m'empêcher de penser à d'autres jeunes de leur âge qui ont réussi à s'intégrer à la société.

J'ai lu l'appréciation que je leur ai fait compléter à la fin de l'atelier. Et la digue a cédé lorsque j'ai lu « J'ai aimé l'atelier... Je me suis senti comme si je n'étais plus en prison. » Très ému, j'ai saisi l'importance d'y retourner, de faire un pas de plus avec eux. Voilà une chance de régler nos comptes et de nous racheter comme société auprès de Gerry, celui qui m'avait dit, la veille, que l'école l'avait lâché. À titre d'enseignant à la retraite, ce commentaire m'avait interpellé.

Et là se succèdent d'autres impressions de cette première rencontre. Je suis encore étonné des commentaires d'un des gars : « On dort sur des matelas de ça d'épais (quatre centimètres environ), on prend notre douche avec les autres… Si tu savais comme j'ai hâte de retourner chez nous pour aller à la toilette tout seul. » Je suis également très impressionné par le talent de l'un d'eux; il est guitariste et auteur-compositeur. J'ai hâte de l'écouter la semaine prochaine. En ce moment, je suis envahi par la présence de ces gars et j'éprouve une profonde tristesse.

DEUXIÈME RENCONTRE

Ce qui m'anime ce matin-là

Dans quelques heures, je serai de retour avec les gars. J'éprouve de l'inquiétude face au déroulement de l'atelier. Je me sens dé-stabilisé par les contraintes de l'atelier – production de textes traitant de la notion d'enfermement. Intuitivement, je m'oriente davantage vers des exercices d'expression corporelle favorisant l'expression orale, des exercices favorisant la mise en confiance. Je perçois qu'ils appréhendent d'aller conter.

Lorsque j'enseignais, j'étais aux prises avec ces mêmes questionnements. C'est toujours ce même doute auquel je fais face : celui de proposer des exercices gradués et stimulants qui vont favoriser l'expression, la spontanéité. Tout ça afin de les amener à la parole contée et à l'écriture.

À l'atelier

Après un bref retour sur le premier atelier, je leur conte *L'homme au manteau vide*. Ils semblent l'apprécier, entre autres parce que ce conte recèle une part de mystère. Et puis, la partie où la mère chicane sa fille les a fait rire.

Afin d'apaiser leur inquiétude de devoir conter, je leur propose des exercices pour les acclimater à prendre la place du conteur. Je leur demande ainsi de mimer un métier. Cela les met tout de suite à l'aise. Tous participent, même Égid.

Après la présentation de chacun, je les amène à faire part de leurs observations. Parfois, celui qui vient de s'exécuter reprend l'exercice en tenant compte des commentaires qui lui ont été adressés. En plus d'améliorer les présentations, ils le font avec plus d'aisance et de plaisir... au point de vouloir le faire une deuxième fois. J'accepte mais cette fois, ils ne mimeront pas une seule action mais plutôt une séquence, comme s'ils racontaient un épisode avec un début et une fin. Lors de l'objectivation, j'en profite pour faire ressortir l'importance de bien se placer, de ne pas tourner le dos à l'auditoire à moins de vouloir créer un effet. Il est également question de l'importance de se concentrer, de ne pas précipiter le mouvement. C'est impressionnant de voir comment ils progressent rapidement.

Après la pause, à la demande des gars, je modifie le déroulement de l'atelier. Plutôt que de conter uniquement le début de leur conte, ils souhaitent déjà faire des contes en entier. Sebastian brise la glace. Au début, il conte avec sa feuille, qu'il consulte souvent. Puis ça décolle. La magie opère; son histoire est bien menée. À la fin, les gars l'applaudissent. Il s'agit, disent-ils, d'une version de *Robin des bois* des temps modernes. Il reçoit néanmoins des commentaires qui auraient pu le déstabiliser; mais non, il encaisse et accueille même les propositions pour améliorer son récit. En fait, on lui reproche de ne pas avoir fait appel davantage au mystère; comme s'il s'était contenté d'un dénouement prévisible. Sebastian est d'accord et il accepte de revoir le tout. Je lui indique qu'il pourrait, une fois le conte terminé, l'offrir en cadeau à ses enfants. Il acquiesce, il semble satisfait.

Martin nous raconte ensuite un récit de vie qu'il a déjà présenté à la revue bimensuelle *Le messager* produite par l'enseignante de français et distribuée dans l'Institut. Il y est question du moment où sa mère l'a abandonné à l'âge de cinq ans. L'enfant ne s'en remet pas; il pleure sans arrêt. Une nuit, il fait un cauchemar au cours duquel une ombre le pourchasse et il chute dans un ravin. Au réveil, il pardonne à sa mère et depuis il est à la recherche du «pourquoi du pourquoi». Il enchaîne avec deux chansons de sa composition sur le même thème, soit celui de l'abandon. Tout à coup, on se sent transporté par la musique, la voix, les paroles de Martin; les gars sont tellement attentifs. C'est touchant de les voir, certains ont les yeux fermés, d'autres ont les yeux fixés sur Martin alors que, derrière lui, les barreaux des fenêtres nous rappellent que nous sommes en prison. À la fin, les gars l'applaudissent chaleureusement; impressionnés par son talent, ils le qualifient de *Canadian Idol*.

Abdul, lui, annonce qu'il va raconter la fable *Le lièvre et la tortue*. L'enseignante et moi, nous nous regardons, étonnés. Mais dès qu'il se met à conter, la magie prend place. Sa parole nous transporte; c'est mélodieux, poétique. On y retrouve une saveur africaine, par les ambiances, par l'évocation des lieux et la description des personnages. Puis, il termine avec la morale de la fable. Il nous dit qu'il est, lui, à la fois *lièvre* et *tortue*. Que quand il est arrivé au pénitencier, il était *lièvre* et n'avait qu'une idée : fuir, s'évader, reprendre sa liberté. Et qu'encore aujourd'hui, cette pensée l'habite. *Lièvre*, il veut courir, sauter des étapes. «Je suis convaincu que si je sortais maintenant, je serais récidiviste, je retournerais à mes habitudes. Et, dit-il, je suis aussi *tortue*. Je veux prendre mon temps, me donner la chance d'un nouveau départ. J'ai une petite femme et deux enfants que j'aime. J'ai besoin de me reconstruire.» À mon invitation, il nous chante un bref extrait d'un chant de son pays, Djibouti. Ça raconte l'histoire d'un berger qui chante qu'il n'a pas peur du loup, pour justement chasser sa peur.

En fin d'atelier, l'un d'eux me demande si j'avais eu peur de venir les rencontrer. «Des fois, les gens ont l'impression qu'on est des monstres... comme on le raconte dans des contes urbains.» «Si je me suis senti stressé, lui ai-je répondu, c'est plutôt à cause de tous ces contrôles, ces mécanismes de sécurité.» Je leur confie que j'ai balayé les doutes éprouvés le lendemain de notre première rencontre, pour conclure : «Maintenant, je vous emmènerais bien avec moi». «As-tu une camionnette?» lance l'un d'eux. Éclat de rire général. En partant, Sebastian et d'autres sont venus me serrer la main.

TROISIÈME RENCONTRE

Ce qui m'anime ce matin-là

Je me sens nerveux. Rien n'est jamais acquis. Techniquement je suis prêt, mentalement et spirituellement aussi. Et pourtant !

Quel sens donner à nos rencontres ? C'est déjà l'avant-dernière rencontre. Quel sera l'impact de ces rencontres dans nos vies respectives ? Quel en sera l'impact sur les éventuels lecteurs et lectrices de ces textes ?

En entrant au pénitencier, je retrouve mon calme. J'accueille cet instant de rencontre avec les gars. Qu'ai-je à leur offrir ? Et eux, qu'auront-ils à partager avec moi ?

À l'atelier

Je sens une attitude plus réservée de la part des gars ; je les sens moins prêts à coopérer. Je pense qu'ils sont nerveux à l'idée de présenter leur conte. J'opte pour des exercices d'expression corporelle afin de les détendre et de créer le climat propice aux présentations. On y va pour le jeu de la statue, où les gars doivent à mon signal s'immobiliser en exprimant une émotion particulière. Dans un deuxième temps, ils doivent se déplacer lentement dans l'espace tout en gardant la même expression commandée sans se faire surprendre par celui qui assume le rôle du gardien. Comme des enfants, ils s'investissent totalement dans cet exercice.

Ensuite, je leur propose l'exercice du miroir. En équipe de deux, le premier amorce un mouvement que l'autre doit reproduire tel un sujet devant son miroir. L'idée est de bouger lentement et de laisser la communication s'installer dans le silence.

Après la pause, Gerry nous lit son conte. C'est un super texte mais il n'arrive pas à garder sa concentration. Martin S. nous offre deux autres chansons. L'effet sur les gars est encore le même ; ils se laissent bercer par la musique. Des bribes de paroles nous atteignent par intermittence ; les paroles de Martin se confondent avec les accords de guitare. On ressent encore cette impression de rêverie, d'être ailleurs.

Aahd nous présente ensuite un texte qu'il a écrit pour *Le messager*. C'est l'histoire de son pigeon. Il est touchant et il nous fait voyager dans son pays d'origine, le Maroc, alors qu'il était encore enfant.

De retour à la maison

En quittant les lieux hier, j'ai voulu faire le tour du pénitencier pour voir le tipi autochtone dont les gars m'ont parlé. Je n'avais pas roulé cinq cents mètres qu'une auto patrouille, gyrophares et sirène allumés, m'a pris en chasse. Après m'avoir demandé qui j'étais et ce que je faisais là, le patrouilleur m'a indiqué qu'il était interdit de circuler autour du pénitencier ; j'ai dû rebrousser chemin.

J'éprouve un malaise face au maigre résultat atteint hier ; trois présentations seulement. Gerry manquait de concentration ; il riait pour un rien. Dans le fond, je pense qu'il avait peur de se laisser aller. Je crains que l'influence d'Égid et de Billy l'ait empêché d'aller au bout de l'exercice.

Nous avons abordé l'idée de tenir une activité du genre «Un après-midi de contes». Ils ne s'y opposent pas mais ils ne veulent pas qu'il y ait trop d'auditeurs et veulent s'assurer que ceux qui y seront leur seront sympathiques. Ils ne veulent pas être dénigrés, précisent-ils.

Martin V. s'en fait pour son texte, qui n'est pas fini. Il avait été décidé qu'il le ferait avec Éric. Mais celui-ci, avec qui il s'entendait bien, a été transféré dans une prison à sécurité minimum. Billy, le boute-en-train, n'exerce pas toujours une influence positive. J'ai observé des tensions entre lui et Sebastian. Avec Égid et Gerry, des compatriotes haïtiens, ils manquent parfois de sérieux et décrochent. Billy serait dyslexique ; donc, l'écrit constitue sûrement un problème pour lui.

La semaine prochaine, on entendra Mina, le Cambodgien, Martin V., Billy, Égid et l'enseignante.

QUATRIÈME RENCONTRE

Ce qui m'anime ce matin-là

C'est avec confiance que j'anticipe cette dernière rencontre. Je me sens prêt.

Petit problème en arrivant : comme la semaine dernière, par précaution, je laisse mon portefeuille dans l'auto. Sauf que cette fois, ma conjointe m'accompagne. Après m'avoir déposé, elle quitte les lieux. Une fois à l'intérieur de l'Institut, me voilà sans pièce d'identité. Ce n'est pas le même gardien que d'habitude. La dame qui est en service ne m'a jamais vu auparavant et comme je n'ai pas mes pièces d'identité, je me confonds en excuses et je lui explique que je viens animer des ateliers offerts dans le cadre du cours de français. Elle finit par accepter de communiquer avec l'enseignante, qui vient certifier que je suis bien attendu. Amusée, celle-ci réussit à me sortir de cette impasse.

Déroulement de l'atelier

Comme Martin V. a un rendez-vous avec son avocat, il ne pourra pas rester avec nous pour toute la durée de l'atelier. Il accepte de conter avant de se retirer. Malgré un début chancelant, il prend confiance. Parfois, il personnifie certains personnages en changeant sa voix. Les gars l'appuient par une écoute attentive et empathique ; à l'occasion, il cherche à retrouver le fil de son histoire. Et à ce moment-là, les gars gardent le silence pour préserver l'atmosphère du conte.

Abdul présente un deuxième conte, *Pourquoi les singes regardent derrière eux* ? Même fascination que la première fois. Je demande à Abdul s'il peut nous raconter le début du conte dans la langue de sa grand-mère. Cela nous permet d'assister à un échange des plus intéressants. Aahd, qui est arabe, est tout excité de comprendre ce récit livré en cette langue qui n'est pas la sienne. De là s'ensuivent des échanges des plus intéressants qui s'apparentent pratiquement à un cours d'histoire des migrations. C'est fascinant tout ce que je découvre ; je suis impressionné par toutes les connaissances de ces gars.

Puis, c'est la pause. Pour l'occasion, Lucie fait circuler du sucre à la crème qu'elle a préparé chez elle la veille. Pendant ce temps, la directrice de l'école verse le café aux gars. Ils sont comme des enfants ; c'est la fête. Aahd et Abdul m'invitent à faire des recherches sur Kirikou, un personnage mythique de la trempe de Ti-Jean, héros des contes franco-ontariens. Je suis surpris et emballé d'assister à leur enthousiasme.

À la reprise, Billy n'ose pas aller conter ; il résiste. Les gars l'encouragent. Finalement, il se lève et va prendre place au coin du conteur. Un beau conte : le personnage principal est un être adulé de tous, un peu perfide, à qui tout réussit. Sauf qu'un jour, il perd tous ses moyens devant une fille modeste qui résiste à ses avances. Ce sera le début de sa transformation et éventuellement de sa réinsertion sociale. Il est chaleureusement applaudi, particulièrement par ses compatriotes haïtiens qui sont très fiers de lui. Il avoue, candidement, qu'il s'est inspiré de sa propre histoire pour écrire ce récit.

Martin S., le guitariste, nous chante une toute nouvelle composition. Elle s'adresse cette fois à son père, qui lui aussi l'a abandonné alors qu'il avait six ans. « Comment c'qu'on peut jouer avec la vie d'un enfant... » sont les paroles du refrain. Encore une fois, Martin a touché le cœur et l'âme de ses confrères.

Ensuite, Mina, lui qui n'en est qu'à son deuxième atelier, prend place sur la chaise du conteur. Il nous transporte au Cambodge, à l'époque de Pol Pot, despote tyrannique des Khmers rouges. Tissé comme un conte fantastique, on découvre à la toute fin que ce récit de Mina est en fait une tranche de la vie de ses parents. Encore une fois, les gars sont touchés et impressionnés de découvrir ceux qu'ils côtoient. Il s'ensuit des échanges nourris sur de sombres pans de l'Histoire et dont leurs grands-parents ont été témoins. Je pense à Sebastian, entre autres, qui nous a parlé des horreurs qui ont sévi en Pologne.

Et puis Lucie, l'enseignante, nous charme avec son conte poétique et livré à la manière de la Fanfreluche des débuts de la télévision de Radio-Canada. Les gars écoutent presque pieusement leur enseignante. Elle exerce une énorme influence sur chacun d'eux en raison de son authenticité. Elle ne s'est pas contentée d'assumer son rôle de superviseure ; elle s'est investie à part entière en prenant tout comme eux le risque de conter. Ils l'ont grandement apprécié et ils ne se sont pas gênés pour le lui faire savoir.

Le cycle est complet

Le quatrième atelier, la quatrième saison sont terminés. Telle une semence mise en terre, le temps fera son œuvre. Il ne reste plus qu'à attendre... Attendre les contes, les récits que les gars vont peaufiner pour le livre.

Mais l'effet des contes est déjà à l'œuvre dans le cœur et l'esprit de ces gars. Ils ont accepté l'invitation, ils ont relevé les défis, ils ont appris à se faire confiance, à s'ouvrir. Ils ont puisé dans leur sensibilité créatrice, dans leur imaginaire, dans leur vécu, et ils ont levé le voile sur des blessures, ils ont puisé à même des valeurs ancestrales qui leur ont été transmises, ils ont partagé leurs souffrances, leurs démons, leurs espoirs. Ils ont communiqué l'importance de se prendre en main, d'avoir besoin de temps pour se reconstruire, se réhabiliter. Ils ont tissé et affiché leur complicité, leur amitié. Ils ont pris soin de s'accueillir, de laisser le silence s'installer pour permettre aux conteurs qu'ils sont devenus de se faire entendre, d'être écoutés et d'être reçus, de découvrir l'effet que leur parole avait sur les autres, de sentir le regard bienveillant de ceux qui les écoutaient, d'être applaudis, d'être félicités, de recevoir des commentaires, des critiques sur leur conte et sur leur façon de le conter.

Un aspect important qui ressort de cette expérience, c'est le rôle majeur de l'enseignante. Elle a suivi l'atelier comme une des leurs, elle a produit son conte et l'a livré de magnifique façon. Elle nous a tous bercés à la manière d'une grande conteuse, elle nous a attendris, elle nous a fait rêver, elle a su nous toucher, nous émouvoir et nous donner de l'espoir. Son engagement auprès de ces gars est le reflet de l'œuvre qu'elle accomplit dans cette institution depuis trente-deux ans. Des centaines d'hommes, en transition, ont pu bénéficier de sa présence attentionnée. Il nous faudrait beaucoup d'autres Lucie Chicoine non seulement dans les milieux carcéraux mais aussi dans toutes les écoles secondaires.

Il faudrait d'autres directeurs d'école et d'établissement comme Caroline Beaulieu et André Lamoureux, qui prennent le risque d'offrir ce genre d'activité aux détenus. C'était éloquent de voir la directrice servir le café aux détenus, et les gars ont apprécié qu'elle soit restée pour les écouter.

ÉPILOGUE : CÉLÉBRATION DE LA PAROLE CONTEUSE

Deux mois plus tard, le 21 mars, avec Sylvie Frigon et Yves Turbide, j'étais convié à un après-midi de contes. Tous les gars ont conté. Ce fut une étape exigeante pour eux mais combien stimulante et énergisante. Lucie Chicoine avait tout préparé et tout s'est déroulé rondement. C'était vraiment impressionnant d'assister à cette prise de la parole conteuse par les détenus devant des membres de la direction de l'Institut et de la Commission scolaire, ainsi que devant quelques profs. Tous les participants ont eu droit à des commentaires des plus constructifs et j'ai pu constater que chacun appréciait fièrement cette reconnaissance.

J'en profite pour rapporter une anecdote qui illustre la fierté ressentie par ces hommes. Le jour de la publication de la dernière édition de la revue *Le messager*, Aahd s'est vu confier la tâche d'aller en distribuer des exemplaires. Lors des vérifications, un gardien lui dit : «Tu es camelot aujourd'hui ?» Et Aahd de lui répondre : «Camelot ? Mais pas du tout ! Aujourd'hui, je suis un auteur ! Tiens, regarde, mon texte est ici... Vois, c'est mon nom qui est là !» Ce jour-là, son statut venait de changer aux yeux des autres, mais surtout, et de manière combien plus importante, il assumait et proclamait sa réussite !

Leçon de vie
par Beenie

Au départ, je ne m'attendais à rien. Je me disais qu'un atelier, ça ne pouvait pas être pire qu'une classe de français... D'autant plus que je voulais casser la routine qu'on avait tous les jours. Et puis, sans me rendre compte, je me suis embarqué dans ce projet à 200 %. Je n'ai même pas eu le temps d'y réfléchir...

Je pense que le conte nous replonge un peu dans nos vieux souvenirs d'enfance. Pour moi, ça me rappelle mon pays d'origine en Afrique lorsque ma douce grand-mère nous racontait autour du feu, chaque fin de semaine, ses meilleurs contes. Ah! que de beaux souvenirs...

De plus, un conte, cela nous divertit, nous fait réfléchir, nous interroge et nous aide à faire des choix dans la vie de tous les jours. Par chez nous, chaque conte a sa propre pensée, sa propre morale. Par exemple, tout le monde connaît le conte du lièvre et de la tortue... La tortue qui bat le lièvre à la course. Le proverbe dit : «Rien ne sert de courir, car il faut partir à point.»

Pour moi, ce conte résume ma vie criminelle des dix dernières années. Je m'explique : J'ai toujours voulu avoir de l'argent vite fait, du succès vite fait, bref, tout ce que j'accomplissais, je voulais le faire vite fait, avec le moins d'effort possible, un peu comme le lièvre. Mais si on écoute bien ce conte, on comprend ceci : ça ne sert à rien de vouloir sortir de prison vite fait, parce qu'on reviendra vite fait aussi. Ce qu'il faut faire, c'est de partir à point, c'est-à-dire essayer de guérir les démons qui nous hantent à l'intérieur de nous, de prendre l'aide que l'on nous offre. Comme ça, on quittera cet établissement une fois pour de bon. Finalement, être honnête, bien et respectueux des lois n'a jamais fait de tort à personne...

Sauvés par des fantômes
par Mina

Il y avait un temps au Cambodge où le régime communiste des Khmers rouges avait envahi plusieurs villages. Le régime massacrait tous les villageois. Dans un village proche de la frontière thaïlandaise vivait une famille, une femme qui était enceinte de deux mois, un homme qui était fort influent dans le village et un jeune bambin de quatre ans. La jeune famille vivait en harmonie, c'était un couple parfait. Saray, qui était une jeune mère au foyer, s'occupait toujours de son fils et elle préparait le souper pour son mari, Pros. Il fut un des plus jeunes héros de guerre durant la guerre du Vietnam. Il avait défendu et protégé son village natal contre les rebelles Viêt-cong. Pros était un héros pour les villageois.

Mais une très chaude journée d'été, Pros fit une sieste sur un hamac proche du jardin. Il sentit quelque chose lui lécher l'oreille, il se leva en sursautant : ce fut une tête d'esprit qui flotta à coté de lui. Pros fut en choc et il eut peur. Figé, il ne savait pas quoi faire. La tête du spectre lui dit de ne pas le craindre et qu'il avait un message pour lui et sa famille. L'esprit lui disait *Ce soir à la pleine lune, la lune deviendra rouge comme ton sang qui coule en toi et en ta famille. Le régime des Khmers rouges va venir te couper la tête quand la lune va être au plus haut dans le ciel noir.*

Pros courut rejoindre sa femme. Tout effrayé, il lui dit qu'il fallait partir d'ici et que les Rouges allaient venir le tuer cette nuit. Saray lui demanda d'où venait l'information. La jeune femme aimait tellement son village et sa maison qu'elle ne pensait jamais un jour devoir quitter cet endroit. Son mari lui dit d'où provenait l'information et sa femme rit de lui. La femme ne croyait pas aux esprits et elle ne voulait surtout pas quitter son village pour une histoire de fantôme. Elle lui dit qu'elle ne croyait pas à ça et que Pros avait fait un horrible cauchemar.

Le jeune héros commença à préparer ses bagages mais la femme continua à préparer le souper pour son fils. Elle lui dit qu'elle allait rester ici avec son enfant et qu'elle ne pensait pas que les Rouges allaient venir ici à côté de la frontière thaïe, parce que l'armée thaïlandaise était proche. Elle lui disait qu'il pouvait partir et que les Rouges n'allaient pas lui couper la tête. Pros avait fini de faire ses bagages et il expliqua à sa femme qu'il allait se cacher en Thaïlande, puis qu'il allait revenir après la guerre. Saray regarda son mari quitter le village.

La nuit passa, Saray ne pouvait pas dormir. Vers minuit, elle entendit des gros grondements de véhicules lourds. Elle sortit dehors pour voir ce qui se passait. C'était l'armée rouge. Elle prit son enfant et elle essaya de s'enfuir par-derrière la maison. Les Khmers rouges l'ont poursuivie et l'attrapèrent. Un des rebelles demanda à la jeune femme où était son mari. Elle dit au soldat que son mari savait que l'armée rouge allait venir lui couper la tête et qu'il s'était enfui pour toujours. L'armée captura la femme et l'enfant. Les communistes l'amenèrent dans une prison en plein milieu d'une jungle perdue. Là, elle entendit du monde souffrir en hurlant et en criant de douleur. C'était une prison de torture. Elle savait qu'elle allait mourir là-bas et qu'elle serait torturée. Son fils mourut après cent jours et elle était enceinte de six mois.

Pros était en Thaïlande, il avait su que la troupe rouge avait capturé sa femme et son enfant, mais il ne savait pas si sa famille avait été tuée. Il entendit des pleurs d'enfant proche de son lit : c'était un autre esprit, celui de son jeune fils. Le fantôme lui disait que sa mère n'était pas morte et qu'il fallait absolument aller la sauver. Le jeune spectre allait le guider. Pros retourna au Vietnam pour demander de l'aide car il avait sauvé des militants vietnamiens durant la guerre. L'armée vietnamienne l'aida à sauver sa femme et l'esprit les guida jusqu'à la prison. L'armée tua tous les rebelles rouges et sauva Saray, qui était maintenant enceinte de huit mois. Le couple partit en Amérique et la jeune femme donna naissance à un fils. Depuis ce jour-là, elle croit vraiment aux histoires de fantômes.

DES VACANCES PAS COMME LES AUTRES
par Abdulkadir

C'était en plein été de juillet à Montréal. Mon ami Karim et moi avions décidé d'aller au Brésil, tous les deux étant amoureux des grands espaces sauvages que l'Amazonie avait à offrir. Ça faisait deux à trois jours qu'on était arrivés à destination. Nous avions hâte de partir à l'aventure. Le vendredi suivant, c'était le grand jour. Nous étions environ une trentaine de touristes dans un bus de l'hôtel. Le plan initial était de rester dans un périmètre restreint pour ne pas nous perdre.

Je ne me sentais pas bien avec cette idée de rester toute la journée sur un petit terrain limité. C'est alors que j'ai dit à mon ami : « On n'a pas dépensé tout cet argent pour rien ! Allons par nous-mêmes explorer ! »

Karim me répondit :

— Oui, t'as raison, allons-nous-en !

On se promenait tranquillement quand, tout à coup, Karim s'enfargea le pied dans un piège dissimulé dans les broussailles.

Mon plus gros problème commençait. Nous étions quelque part dans la forêt, mon ami était gravement blessé au pied. Il ne pouvait plus me suivre car sa blessure était grave et ça m'inquiétait beaucoup. J'étais dans l'incapacité de l'aider.

Le soleil commençait à se coucher. Je savais qu'on était perdus. On dirait qu'il a fait noir instantanément. Nous avions tellement peur qu'on n'a pas fermé l'œil de la soirée. Sa blessure empirait graduellement et il commençait à perdre beaucoup de force. Je me sentais très coupable de l'avoir entraîné dans cette mésaventure-là. Trente-huit heures s'étaient écoulées depuis qu'on avait quitté notre groupe. J'avais très peur à l'idée de passer une autre soirée dans cette foutue jungle.

Finalement, j'ai entendu des bruits d'hélicoptère. Je n'étais pas sûr, mais je ne voulais pas rater cette chance ! C'est alors que j'ai couru dans la direction du bruit. À ma grande satisfaction, j'ai aperçu l'hélicoptère. J'ai hurlé à pleins poumons pour qu'on m'entende. J'ai enlevé mon chandail pour attirer l'attention du pilote. Par grâce, on a été secourus, Karim a été conduit à l'hôpital, où il se remet tranquillement de sa blessure. J'ai appris une grande leçon de cette aventure. Ne jamais quitter son groupe et ne jamais aller s'aventurer dans une jungle sans l'aide d'un guide...

LA MAISON EN «T» (HANTÉE)
par Jack (Black Rose)

Il était une fois, par une belle journée ensoleillée, trois petits jeunes âgés de neuf ans qui s'amusaient à se lancer et à frapper la balle. Ils étaient situés sur un terrain vague au cœur du village. L'un des trois, prénommé Salomon, était intrigué par une vieille résidence située non loin de là, si bien qu'il n'aperçut pas la balle que lui avait lancée son copain Hiram. «Tu ne seras jamais comme Babe Ruth si tu es constamment dans la lune», s'écria Jack. «Allons chercher la balle», répondit Hiram, car il fallait retrouver la balle perdue. Puis, tous les trois enjambèrent la clôture et se rendirent en face d'une maison ayant la forme d'un «T», vue de l'extérieur...

La maison, qui semblait abandonnée, avait une allure très étrange, presque insolite tant son architecture différait des autres résidences situées autour. Salomon cherchait du regard où la balle avait pu atterrir, lorsqu'il aperçut une fenêtre brisée donnant accès à une pièce sombre. Il se disait en lui-même que c'était probablement par là que la balle avait dû se loger. D'un commun accord, ils décidèrent de pénétrer à l'intérieur. Jack était le plus intrépide des trois. Il entra le premier en poussant la lourde porte avec un grincement assourdissant. Une fois à l'intérieur, une odeur de moisissure et de poussière témoignait du fait que cette maison avait été abandonnée depuis fort longtemps.

Les ténèbres étaient maîtres des lieux, où régnait une noirceur d'encre. D'instinct, Hiram chercha l'interrupteur qui évidemment était hors circuit. L'électricité avait probablement été coupée depuis des lunes. Soudainement, des voix se firent entendre et la peur commença à dominer le trio. «D'où viennent ces voix?» s'écria Jack.

Aussitôt, la porte d'entrée se referma violemment. Salomon, refusant de laisser sa peur le tourmenter, décida de récupérer la balle et de ficher son camp de là. Une voix se fit entendre de nouveau en disant : «La seule et unique chose que vous pourriez récupérer sera votre vie!»

— Qui est-ce qui parle? dit Salomon.

— Je suis le Gardien de ces lieux, répondit la Voix.

— Que voulez-vous? répliqua Jack.

— Je veux vous proposer deux choses, répondit la Voix.

— Allez-y, nous vous écoutons, dit Hiram.

— Parce que vous avez osé déranger ma tranquillité, l'un de vous devra me donner sa vie!

— Êtes-vous fou ou quoi? dit Jack.

— Quelle est la deuxième proposition? ajouta Salomon.

— Je vous ferai passer trois épreuves et celui qui échouera devra payer de sa vie, répliqua la Voix.

Évidemment, aucun des trois n'avait le goût de perdre la vie, alors ils décidèrent de relever les défis que proposait la Voix. Le premier défi consistait à dévorer vingt hot dogs en soixante secondes. Ce défi était fait sur mesure pour Hiram, le glouton de la gang. Hiram se disait en lui-même que ça tombait bien, car il avait faim. Hiram s'installa à la table et engloutit les vingt hot dogs en l'espace de trente secondes!

— Wow, en trente secondes! s'écria Jack.

Le Gardien des lieux cacha mal sa frustration en disant que le prochain défi ne serait pas si facile que le premier.

Le deuxième défi était composé d'une course à obstacles périlleuse. Cette course à obstacles avait comme parcours un mur à escalader avec des scorpions venimeux tout autour. Une fois réussi, il fallait traverser un trou rempli d'épines avec l'aide d'une corde qui menaçait de se rompre à tout moment. Finalement, la dernière partie de ce parcours consistait à aligner dans un ordre précis les douze signes du zodiaque, tout cela en cinq minutes!

Jack fut désigné pour ce défi, car c'était lui l'intrépide de la gang. Pour ce qui était de l'alignement des douze signes du zodiaque, Salomon lui offrirait son aide. Aussitôt, Jack se précipita sur le mur sans tenir compte des scorpions et arriva sans trop de mal au second point. Jack observa un court instant la corde et l'agrippa en se disant que pour réussir cet obstacle, il fallait tenir la corde le moins longtemps possible.

D'un seul élan, il agrippa la corde et franchit le trou en un tour de main. Lorsque Jack arriva vers la dernière partie du parcours, il n'avait aucune idée de ce qu'il devait faire. Alors, Salomon lui dicta les signes dans l'ordre, tel qu'il l'avait appris dans les livres d'astrologie. Une fois de plus, le défi fut complété. Tous les trois exprimèrent leur joie, mais le Gardien des lieux les rappela à l'ordre en leur disant qu'il restait un dernier défi...

Le troisième et dernier défi était une devinette; si elle était réussie, ils seraient tous libres. Étant le plus futé des trois, Salomon fut désigné. Aussitôt, la Voix se fit entendre: «Le matin je suis à quatre pattes, l'après-midi je suis à deux pattes et le soir, je suis à trois pattes. Qui suis-je?»

Après une brève réflexion, Salomon dit: «Le matin, celui qui est à quatre pattes c'est un bébé, celui à deux pattes, c'est un adulte et celui à trois pattes, c'est un vieillard, car sa troisième patte est une canne.» Le Gardien des lieux leur dit: «Félicitations à tous, vous êtes libres de partir immédiatement, car ce que mes lèvres ont prononcé, je vais promptement le respecter!»

En sortant de la maison, la balle glissa à leurs pieds, puis ils firent le serment de garder leur aventure secrète, car qui les prendrait au sérieux si l'un d'eux la racontait...?

La malice d'un singe

par Beenie

Il était une fois, dans le royaume animal, un singe et un lion. Comme chaque matin avant d'aller à la chasse, le lion allait donner des caresses et des becs à sa douce moitié. Une fois les tendresses matinales finies, le lion s'en allait tranquillement et disparaissait dans les broussailles denses de la forêt. La lionne trouvait le retour de son cher mari lent et ennuyeux.

Un jour parmi d'autres, elle fit une rencontre pas mal bizarre... Étendu sous l'ombre d'un arbre, elle vit un animal qu'elle n'avait jamais vu auparavant. Cet animal était bruyant et n'arrêtait pas de sauter d'un arbre à l'autre. La lionne était stupéfaite par les prouesses artistiques de cet animal étrange. Elle était séduite, mais en même temps, méfiante. Elle décida de prendre son courage à deux mains et s'exclama :

— Mais qui êtes-vous ? Je ne vous ai jamais vu dans cette forêt !

L'animal inconnu lui répondit :

— Vous ne me connaissez pas ? Je suis le singe, le plus beau, le plus fort, bref le plus courageux des animaux !

— Ah bon... Je pense que vous vous êtes trompé, car c'est mon mari, le lion, qui lui est le plus fort et le plus courageux des animaux !

Le singe lui répondit alors :

— Ah bon, où est-il, votre mari ?

— Il est parti à la chasse pour me nourrir.

— Moi, je suis capable de te nourrir et de te divertir en même temps...

Le singe commença à sauter d'un arbre à l'autre avec souplesse, pour finalement atterrir sur un arbre plein de fruits. Il lança des mangues, des bananes et des kiwis à la lionne pour qu'elle mange à sa faim. La lionne, étonnée et charmée par ce charlatan de singe, finit par être séduite par celui-ci. Elle lui dit alors :

— Reviens demain matin et je te dirai si je t'offre mon cœur.

Ainsi finit leur visite. Quelques heures plus tard, le lion revint chez lui avec un gros gibier dans sa gueule. D'habitude la lionne était heureuse et excitée de voir le retour de son mari, mais pas cette fois-ci. Le lion lui demanda alors :

— Qu'est-ce qui se passe, ma douce ? Es-tu malade ?

La lionne lui répondit :

— Non, mais tu m'as menti. J'ai rencontré un mâle plus fort que toi et plus courageux et en plus, lui, il n'a pas besoin de s'absenter des heures pour me nourrir. De plus, qu'il est drôle !

Le lion, fâché, lui répondit avec colère :

— Mais de qui parles-tu ?

— Tu verras demain, j'ai pris rendez-vous avec lui, il devrait revenir ici.

Comme prévu, le singe, confiant, se pointa au lieu de rencontre, ignorant que le lion n'était pas parti chasser ce matin-là. Le singe arriva en se jetant d'un arbre à un autre, pour finalement se poser sur un grand manguier. La lionne appela le lion et lui dit :

— Il est là ! Il est là...

Le lion bondit de sa cachette et répliqua :

— Il est où, ce charlatan ?

— Regarde en haut de l'arbre, répondit-elle.

— Le singe ! C'est pitoyable, s'exclama le lion.

Le singe, surpris de la présence du lion, est choqué et bouche bée. Le primate ne sait plus quoi faire, il est mort de peur. À cet instant, le lion rugit en ouvrant sa gueule bien grande. Le singe, terrorisé, part à courir comme une flèche en se retournant à chaque deux secondes pour regarder si le lion le poursuit encore...

C'est ainsi que le singe a été condamné à demeurer dans les arbres depuis ce temps, et que lorsqu'il redescend sur terre, il est toujours traumatisé et il se retourne constamment.

LE PETIT CHIEN
par Aahd

Il y avait un garçon qui s'appelait Ayoub. Il était âgé de neuf ans, il était benjamin d'une famille de neuf enfants dont cinq frères et trois sœurs. Cette famille était originaire du Maroc, elle demeurait dans le centre-ville de Casablanca. Le père d'Ayoub travaillait à l'aéroport international de Casablanca depuis une quarantaine d'années et il possédait une ferme pas loin de l'aéroport. Ayoub était bien aimé et gâté par son père, il arrivait souvent au père d'emmener Ayoub avec lui, en voiture.

Un jour, le père emmena Ayoub avec lui à l'aéroport car il avait des objets électroniques qu'il devait récupérer, et comme l'aéroport se trouvait à l'extérieur de la ville, dans la campagne, le père voulait faire plaisir à Ayoub, et lui faire profiter du voyage sur la route.

Sur le chemin, ils traversaient des champs tapissés de toutes sortes de fleurs sauvages multicolores, ils pouvaient aussi apercevoir des troupeaux de vaches et de moutons ainsi que de chevaux broutant l'herbe jaunie. Ayoub aimait bien observer les poules, les dindes et les pintades parader et picorer le gravier. Il était ébloui par ce paysage magnifique et rempli de cette odeur caractéristique de la campagne marocaine. Arrivé à l'aéroport, le père conseilla à Ayoub de ne pas faire de bêtises tout en lui disant qu'il pouvait bien profiter de l'environnement enchanteur.

Alors que le père était parti, Ayoub ne savait où donner de la tête : il était émerveillé par les trésors de la nature : les escargots, les lézards, les papillons et toutes sortes d'oiseaux chanteurs. Comme le petit Ayoub explorait son environnement, soudain un cri plaintif attira son attention.

C'était un petit chien berger allemand noir tacheté de brun. Le chien semblait perdu et fort content d'avoir trouvé un ami en Ayoub. Avec empressement, Ayoub prit le chiot contre lui, puis il se dirigea vers la voiture.

Rendu à destination, Ayoub commença à penser à un plan pour amadouer son père, afin de garder le petit animal. Ayoub savait que son père n'accepterait pas cette adoption, alors, à l'arrivée de ce dernier, Ayoub fit semblant de dormir en cachant le petit animal sous une couverture.

Alors que son père reprenait la route, il entendit des petits jappements à l'arrière de la voiture. Subitement, il s'exclama à son fils :

– Ayoub, c'est quoi, ça ?

– Papa, c'est rien qu'un petit chien que j'ai trouvé !

Le père s'arrêta au bord de la route et il sortit de sa voiture. Il se mit à examiner le chien tout en expliquant à Ayoub qu'il n'avait pas le droit de prendre un chien qui ne lui appartenait pas et qu'il ne voulait pas de chien à la maison.

Le père reprit la route en expliquant à Ayoub que le chien avait probablement un propriétaire. Il précisa que cette situation arrivait souvent car les passagers des avions allant vers l'Europe ou vers l'Afrique faisaient un arrêt obligatoire d'une heure ou deux afin de ravitailler les avions et en même temps, les voyageurs et leurs animaux, chiens ou chats, pouvaient en profiter pour se dégourdir les jambes.

C'est à ce moment-là que des voyageurs pouvaient perdre leurs animaux. Les voyageurs étant bousculés par leur horaire, ils perdaient leurs animaux, trop heureux de courir dans la belle nature.

Une fois rendu à la maison, le père contacta le département d'animaux de l'aéroport, mais on lui expliqua que personne n'avait réclamé de chien perdu pour l'instant. Ayoub était très heureux de la tournure des événements. De cette façon, il a pu garder le petit chien sans remords. Il le baptisa Black et il fut son meilleur ami pendant longtemps.

BLANCHE NEIGE ET LES SEPT NAINS MALÉFIQUES
par Martin V.

Il était une fois une princesse prénommée Blanche Neige! La princesse avait sept fidèles nains bien spéciaux. Ils possédaient tous des pouvoirs très spéciaux. Et ils riaient beaucoup ensemble. Mais encore, ils avaient des noms bien à eux: Gus, Pouffe, Star, Doigté, Fumée, Frankie, et le petit dernier, Dussel Dorf. Chaque nain ingénieux pouvait se servir de ses pouvoirs maléfiques: une ombre, une main, un mannequin, une chenille, un monstre, un vampire et un personnage invisible.

Pendant ce temps, à l'aube dans la caverne des sept nains tout endormis, Pouffe se réveilla le premier. Il avait très mal aux dents. Blanche Neige se réveilla de très bonne humeur. Elle regarda alentour et se demanda: «Où sont les nains?» Les nains étaient tous couchés ensemble dans le garde-manger!

Blanche Neige décida de partir vers le village enchanteur, seule. Tout se passa bien sauf que sur le chemin du retour, la princesse rencontra un loup-garou à trois têtes et huit pattes. Le loup-garou la regarda avec les yeux rouge sang et la bave qui coulait entre ses grandes dents. Il s'approcha tranquillement d'elle et lui dit: «Hum, tu vas être mon souper!» «Non, jamais!», lui dit-elle.

D'un bond, il lui saute dessus et la mord au cou! Elle perd beaucoup de sang. Par miracle, les sept nains arrivent pour sauver la princesse. Il s'ensuit une violente bagarre. Pouffe se transforme en ombre et tourne alentour du loup, Doigté se change en main et lui donne des coups. Pendant ce temps, Fumée brûle les pattes de la méchante bête. Et devinez quoi? Les trois derniers, Frankie, Gus et Star, se transforment en véritable monstre des ténèbres à trois têtes et affrontent la bête. Ouf, quel combat!

Les sept nains, avec leurs pouvoirs maléfiques, ne font qu'une bouchée du loup-garou. Vous me direz:

— Oui, mais il manque Dussel Dorf.

— Lui, c'est le vampire du groupe, et devinez quoi? Il est en train de transfuser tout le sang de la princesse pour lui redonner la vie!

PLEURS D'ENFANT
par Martin S.

Il est à peine *vingt heures* et je pleure, car mon cœur est rempli de peur et de douleur. Je n'ai que cinq ans et pourtant, mon cœur est déjà brisé, pourquoi? «Maman, maman, reviens!» Mais aucune réponse d'elle. À sa place, une étrangère vient me border et me réconforter.

Vingt heures trente, des torrents de larmes coulent toujours sur mes joues, je crois bien que je vais en devenir fou ou pire, mourir noyé dans mon lit. Pourquoi m'a-t-elle abandonné, pourquoi suis-je avec des étrangers, reviendra-t-elle me chercher et saura-t-elle combien elle m'a blessé? Mais non, me voilà seul avec cette famille d'étrangers à chercher pourquoi mes parents m'ont abandonné.

Vingt et une heures, toutes les larmes que mon petit corps d'enfant peut contenir sont maintenant épuisées. Les yeux rougis, meurtris et le cœur en mille morceaux, j'essaie toujours de comprendre ce qui m'arrive et pourtant aucune réponse ne vient.

Vingt et une heures trente, j'ai la tête qui tourne et le corps tout engourdi, voilà que je m'évanouis dans le creux de mon lit et comme par magie, je me retrouve au pays des songes, tout près d'une forêt plutôt mystérieuse. Seul à l'orée de cette forêt mythique, je ressens le besoin d'y pénétrer et de l'explorer sans même me soucier du danger qu'elle pourrait renfermer. Alors que je m'enfonce dans ses entrailles, j'ai la drôle d'impression d'être observé. C'est alors qu'une ombre noire surgit devant moi, elle est très grande et de forme humaine, mais elle a quelque chose de malsain qui me fait peur. Évidemment, je dois m'enfuir et courir le plus vite que je peux, car cette chose me veut du mal. Mais lorsque je commence à courir, je m'aperçois que tout va au ralenti. Alors, je redouble d'efforts, mais il n'y a rien à faire, cette chose est sur mes pas et se rapproche de plus en plus vite. Je regarde droit devant moi et je cherche un endroit pour me mettre à l'abri, mais il n'y a toujours rien à l'horizon, que des arbres sombres et sans vie.

Soudainement, le paysage change et se transforme en grande plaine rocailleuse. Je cours encore à m'époumoner et au moment où je tourne la tête afin de voir si la chose me poursuit toujours, je tombe dans un énorme trou noir qui semble ne pas avoir de fond. J'ai le ventre qui me chatouille comme si j'étais dans des montagnes russes sauf que cette fois, j'ai terriblement peur car c'est loin d'être un jeu et je sais que je vais en mourir. Alors, je crie le plus fort que je peux afin que ma mère vienne à mon secours.

Sept heures du matin, j'ouvre les yeux et je cherche encore ton doux visage, maman. Mais rien à faire, celui que je vois est celui d'une étrangère. Mais moi, tout petit enfant de cinq ans, j'aurais aimé grandir à tes côtés et être élevé par toi, ma mère bien-aimée.

LE CHARMEUR
par Billy

Il était une fois, dans un quartier riche de Los Angeles, un jeune garçon de dix-sept ans appelé Kevin, qui possédait un don de séduction et le physique d'un mannequin. Grâce à ce don, il réussissait à avoir tout ce qu'il voulait. Il était celui que tout le monde de l'école aurait aimé être sans oublier que sa famille était une des plus riches de L.A. Tout allait bien dans la vie de Kevin jusqu'à l'arrivée d'une jolie jeune fille dans sa classe.

Au début, Kevin ne se souciait pas vraiment d'elle, car il savait que tout le monde voulait être ami avec lui ou devenir sa petite copine. Alors il se dit que c'était une question de temps pour qu'elle lui coure après. Mais ce qu'il ignorait de Lima, c'est qu'elle ne venait pas d'une famille riche comme tous les autres élèves de cette école.

Ce matin-là, Kevin se réveilla avec une seule idée qui le troublait : il se demanda comment Lima faisait pour ne pas s'intéresser à lui. Alors, il décida qu'aujourd'hui il ferait tout ce qu'il pourrait pour attirer son attention. Aussitôt arrivé à l'école, il aperçut Lima en compagnie d'un groupe d'amis. Alors, il décida de se rapprocher du groupe et de se moquer des amis de Lima dans le couloir de l'école. Bien sûr, comme d'habitude, tous les admirateurs rirent des blagues qu'il faisait au sujet du petit garçon qui accompagnait Lima. Pendant ce temps, Lima le trouvait pitoyable de se moquer ainsi de son ami. Elle se demandait comment les autres faisaient pour être amis avec ce type de personne.

Entretemps, Kevin pensait qu'il avait réussi à capter son attention. Il demanda à ses amis : «Vous avez vu comment Lima m'a regardé ?» Tous ses amis de l'école se demandèrent pourquoi Lima intriguait Kevin à ce point. Mais ce que lui-même ne savait pas, c'est que chaque jour que Lima ne portait pas attention à Kevin, celui-ci perdait son don de séduction.

C'est comme cela que, de jour en jour, Kevin a perdu sa réputation. Mais celui-ci n'arrivait pas à comprendre pourquoi le don qu'il avait ne fonctionnait plus sur Lima. Quelques années plus tard, Lima se promenait dans le centre d'achats quand elle aperçut un jeune homme qui aidait une personne âgée avec ses sacs. Lima trouvait ce geste tellement gentil qu'elle décida d'aller discuter avec ce jeune homme. Ils discutèrent pendant des heures jusqu'au point de voir qu'ils avaient beaucoup de choses en commun. Alors, ils se donnèrent rendez-vous pour aller souper afin de se connaître davantage.

Durant le souper, la conversation allait bon train : ils parlaient de tout et de rien. Mais plus Kevin parlait de son passé, plus Lima avait l'impression de le connaître et de penser que celui-ci était le jeune Kevin qu'elle n'aimait pas dans sa jeunesse. Prise au dépourvu, elle coupa la parole à Kevin et lui posa la question, tout en ayant peur de sa réponse.

— Ne serais-tu pas le Kevin qui se moquait des gens au collège Paris ?

— Oui, mais ça fait des années de ça. Avec le temps, j'ai changé ma façon de voir et de traiter les gens. Alors, tu es la Lima qui ne voulait rien savoir de moi ? Je me suis toujours demandé pourquoi !

Tout au long de cette soirée, ils se remémorèrent leur jeunesse. C'est à partir de cette soirée que leur relation a vu le jour. Un an plus tard, le magazine *Luxe* publiait la date de mariage de Kevin avec une mystérieuse femme...

Tina Charlebois @ Établissement Leclerc

Née à Iroquois, petit village anglophone au bord du fleuve Saint-Laurent, en Ontario, Tina Charlebois a grandi dans la minorité de la langue, de la poésie et de l'envie de se dire. Diplômée de l'Université d'Ottawa, elle a vécu dans les Rocheuses avant de revenir dans sa province natale, où elle enseigne au secondaire. Elle est l'auteure des recueils de poésie *Poils lisses* (L'Interligne, 2008) et *Tatouages et testaments* (Le Nordir, 2002) et fera bientôt paraître *Miroir sans teint* (L'Interligne, 2014). Elle a également publié les romans pour la jeunesse *La musique qui roule* et *Ma ville m'inspire* (Nelson Education, 2011). Elle est membre du conseil d'administration de l'Association des auteures et auteurs de l'Ontario français. Elle donne des ateliers de création tant auprès des jeunes que du grand public. Elle a présenté plusieurs lectures dont *L'Émoi des mots* (2012) et *Rendez-vous poétiques* (2013).

OÙ IL PLEUT À BOIRE DEBOUTTE

> «Les mots sont une prison. Si vous désirez la liberté
> sans la responsabilité, restez muets.»
>
> (Gil Courtemanche, *Une belle mort*)

Avant ma participation à ce projet, cette citation de Courtemanche me semblait à propos. Dans cette vie où les mots peuvent tuer, les responsabilités rattachées à la parole débordent des lèvres qu'on voudrait voir cousues.

Maintenant, après ces ateliers vécus avec des gens qui parlent une langue tout autre, je comprends pourquoi il est nécessaire de contredire Courtemanche. La poésie a toujours été pour moi une libération inconditionnelle.

Je suis entrée dans ce projet avec mes idées préconçues – sur les prisons, les prisonniers, les changements anticipés dans ma propre vie. Ces idées ont été confirmées et détruites, rehaussées et embrouillées. Il n'y a pas eu de poète «avant et après», simplement une poésie continue. Ni élément déclencheur ni point culminant, ces ateliers font maintenant partie d'une histoire incomplète. Je la souhaite avec dénouement heureux.

Je me suis attaquée à l'organisation de ces ateliers comme j'organise un cours de français pour adolescents réticents. Il devait y avoir une part théorie (quelques faits saillants pour impressionner), une part pratique (quelques activités pour déjouer la page blanche), une part production (quelques écrits pour un livre à venir). Les associations libres et forcées, les remue-méninges collectifs et solitaires, les emprunts et les néologismes, tout a servi à l'écriture éclatée dans ce monde restreint. Dans cette institution où la solitude et l'isolement sont des impératifs de l'ordre, les exercices d'écriture collective ont été les plus appréciés. Ainsi, les détenus ont relevé des titres de journaux intéressants pour ensuite créer les collages que voici :

Expulsion immédiate

Impétueux désir d'enfanter

Avec le canon à Paris

Un torse dans une valise

Oiseau de proie

Le débat de la dernière chance.

La vie derrière soi

Un véritable sociodrame

La honte a un visage

Sans vertige virtuel

Délit de sympathie

Un bar à lait maternel

Peut faire hommage aux patriotes

Puisque de toutes façons

Les détenus paieront plus cher

Que chacun en ait retiré un sens ou non, mon but a été atteint : ils ont vu que la poésie peut se retrouver dans les endroits les plus banals ou obscurs et ont vu que l'écriture peut être aussi cathartique en groupe qu'en solitude.

Je ne peux pas dire que mes meilleurs écrits sont issus de cette expérience. Je ne peux point clamer non plus qu'elle a ouvert l'écluse de l'écriture si longtemps fermée. Quoique je sois fière des quelques poèmes qui en sont sortis, je reste l'éternelle péda-gogue plus fière encore des écrits de ses élèves. Parce que c'est ainsi que je les voyais – mes élèves. Dans cette salle de classe im-provisée, j'ai reçu plus de « Merci madame » qu'une enseignante sympathique de l'élémentaire. À la différence qu'ici le remercie-ment n'est pas un automatisme.

Ces élèves sont devenus les miens, même si je les partageais avec leurs « vraies » enseignantes de français. Ils attendaient impatiemment la sonnerie de la fin du cours, certains tâchant de s'esquiver avant le temps. Certains ne voulaient que me plaire tandis que d'autres ne cherchaient qu'à se faire valider auprès de moi. Quelques-uns sont venus m'épier au premier cours, certainement déçus de voir cette poète maladroite coiffée à la garçonne au lieu de la jeune poulette ravissante qu'ils espéraient sans doute. Néanmoins, tous m'ont accueillie comme si j'étais des leurs, même s'ils ont parfois douté de ma présence. (Selon un détenu, il était inconcevable qu'une personne veuille faire quatre heures de route une fois semaine pendant quatre semaines, simplement pour leur offrir des ateliers.) Là-bas, parmi eux, je me sentais plus respectée que par les élèves dans ma propre salle de classe.

À la fin de chaque atelier, on me précipitait vers la sortie. Je devais vite passer les nombreuses portes fermées à triple tour, vite me rendre à ma voiture, vite quitter le stationnement, vite me braquer sur l'autoroute où, hélas, on avançait comme des Mexicains à l'heure de la sieste. On avait peur d'être prisonniers de l'heure de pointe, peur que j'en reste prisonnière. Mais c'est lors de mes monologues routiers que je pouvais absorber les écrits qui avaient éclos pendant l'après-midi. Je me remémorais les sourires espiègles, les grognements réticents, les victoires au compte-gouttes : « Hé, il pleut à boire deboutte – c'est d'la poésie, ça, hein, Tina ? »

Oui, c'était ça, d'la poésie.

La liberté conditionnelle est, en anglais, nommée *parole*. Pourtant, on ne permet pas la parole libre. Il faut parler, certes, afin de mieux assurer la réintégration sociale, mais point souffler mot de son passé. La parole devient conditionnelle, la liberté, muette.

Le sens du terme anglais (*parole*) provient-il de la « parole d'honneur » ? Ce phénomène - en voie de disparition imminente - s'est peu à peu classé du côté judiciaire quand on a commencé à comprendre le rôle de réhabilitation de la prison. Il implique une bonté innée, l'espoir que toute erreur peut être surmontée si l'on s'entend entre humains.

Voilà le problème : on s'entend mal, peu importe la langue.

Au pénitencier, ce n'étaient plus les Anglos contre les Francos mais les autorités contre les prisonniers. Tous dans le même édifice, mais l'incompréhension règne. Ils ont beau gesticuler, ni les uns ni les autres ne se font vraiment comprendre.

Nous donnons tous notre « parole d'honneur » à un moment ou l'autre dans notre vie, parfois à plusieurs reprises. Que ce soit à un ami, un parent, un collègue, un enfant, nous avons tous émis une parole digne de nous-mêmes. Le défi est toujours d'honorer nos mots, peu importe la langue dans laquelle ils ont été soufflés.

En prison, la parole est liée à la liberté, non pas parce qu'en parlant, on devient libre, mais parce qu'avec les mots, on peut s'honorer soi-même. On peut discuter avec les gardes, les codétenus, les intervenants. Mais c'est quand on se parle, le soir, seul dans sa cellule, qu'on se voue à sa parole d'honneur.

LES VOLEURS DE SOLEIL

Les vis

n'ont point de vertus

peu importe la direction dans laquelle on les entortille

Les t-shirts bleus

se font tourner en bourrique

par leurs propres vices

leur boîte à outils Snap-On

trop souvent vidée par un vol familial

«Fin de la pause extérieure»

est agréé par les grognements uniformes

de ceux qui en profitent autant

qu'une pause santé

La pluie torrentielle

surprend par son aversion à la régularité

et distrait les t-shirts

l'instant d'un rayon moite

dans une cellule humide

Mais ce sont les vis
qui sont les voleurs de soleil

La poétesse

Ce qu'on apprend de la vie
ne ressemble aucunement à ce qu'on prend
d'une salle de classe en verdure
emprisonné entre un semblant d'évasion
et de feuilles mobiles
Peu importe le diplôme
on est accrédité par l'autorité des barbelés
On me nomme «poétesse»
par politesse par enchantement
et je m'approprie le titre
par envoûtement par assurance
qu'ici je suis le thé glacé
de mon propre rafraîchissement
Les souliers trop rouges
choisis pour le confort
rappellent le besoin de l'arc-en-ciel
que je ne pourrai jamais produire
après mon propre déluge assoiffé
de poésie sans barreaux

LA HONTE
par Sebastian

Délit de sympathie

Pour les sans-abri

Un bar à lait maternel pour éclairer

La diversité sexuelle.

Car le gouvernement nie tout

La sexe-solution

Entre nous le fossé reste entier...

Remporter la mise d'ici demain

Même si la session est foutue

Dans la poubelle province, le gouvernement est une proie

Et nous les sans-abri

Il espère qu'on reste indécis

La leçon : un véritable sociodrame...

La possible solution

Est-ce un torse dans une valise,

Ou un pied chez les conservateurs ?

Qui sait ?

C'est peut-être le débat de la dernière chance...

LA POÉSIE POUR LUCIE
par Drew

Dans une classe de petits génies,

Tous ont mal agi pour se ramasser ici.

Je regarde sereinement autour de moi

112

Et l'émoi

Se lit sur les visages.

En activité, on s'inspire

Presque de Shakespeare,

Prêts à pondre sur du papier...

Discrètement, j'envisage de commencer,

Me laissant porter par les mots

Qui fusent de part et d'autre des cerveaux...

Dans une salle aux allures de la jungle tropicale,

Remplie de vie

Grâce aux gens qui y sont assis,

Et aux plantes qui y subsistent

Comme dans un précipice,

Les photos sur les murs remplis de couleurs

Nous amènent à penser à la splendeur

la profondeur de l'univers...

Ils nous font décrocher de ces murs pour un instant de bonheur

Nous portant vers l'avant,

Et nous poussant à donner le meilleur

De nous-mêmes,

Dans l'unité de la créativité...

COMME DANS UN RÊVE...
par Cruzéo

On me libère de la jungle une belle journée de juin.

Je rentre chez moi où depuis trente mois j'étais en congé forcé.

Ce fut bizarre...

La première semaine tout allait vite,

Le monde courait stressait pour rien.

Quant à moi je vivais une vie de rêve de plage, sable, baignade,
sexe,

Quoi de plus ?

Mais trop beau pour être vrai,

Trois semaines se sont écoulées quand une soirée,

Une péripétie fait en sorte

Que tout s'effondre en quelques minutes

d'un seul coup de marteau.

Le juge me donne cinq ans à purger...

Je me réveille mais, encore le «mais»,

C'était la pure réalité !

Ces trois semaines, ce fut inoubliable...

DEVENU UN DÉTENU
par Steve

Je suis devenu un détenu

Y pensent que j'l'avais prévu

Mais ils n'ont rien vu

S'ils avaient su, s'ils avaient vu

Vu de leurs yeux vu

Alors ils auraient su,

Comment était...

mon vécu

Un vécu

c'est mieux qu'un reçu

Dû à mon incarcération

Je le prends comme une leçon

Chu pas là pour perdre mon temps

Chu pas là pour perdre mon argent

Mais oui! C'est une leçon qui me vole du temps

Et là où chu l'plus perdant,

C'est en ne passant pas ce temps

Avec mon enfant

PASSÉ COMPOSÉ
par Martin S.

Sombre individu à l'air louche,

Pendant trop longtemps, ton goût amer fut dans ma bouche.

Enfant, tu m'as effrayé et on m'a appris à te repousser.

J'arrivais encore à rêver et à trouver la beauté,

En la vie et en mes amis, j'étais ravi.

Mais en grandissant, cette beauté a été ensevelie sous les tapis.

Adolescent, tu m'as intrigué, piqué ma curiosité et je t'ai apprivoisé.

Que de belles soirées tu m'as données, jamais je ne les oublierai,

Jusqu'au jour où tu es devenu mon pilier, ma bouée et mon refuge pour oublier.

Oublier quoi? Oublier le mal!

Oublier le mal qui me rongeait le cœur depuis déjà plusieurs années,

Sans même savoir qu'il m'avait infecté et affecté.

Adulte, tu as fait de moi ton esclave infernal et, par moments, ça m'a presque été fatal.

Tous tes amis et tes ennemis, j'ai connus.

En exil et seul sur mon île, tu m'as retenu plus longtemps que prévu.

Par toi, la mort j'ai vu. Eh oui! Tu me diras sans doute que ce n'était qu'un bref instant,

Mais bon, quoique, assez concluant.

Aujourd'hui, de toi je me suis départi et jamais plus, sombre individu, je ne te veux dans ma vie.

Toutes ces années folles, passées à te côtoyer, jamais je ne les reverrai.

Mais les prochaines qui viendront sauront les remplacer et me récompenser.

Dorénavant, sombre individu à l'air louche,

Jamais plus ton goût amer ne sera dans ma bouche.

Éric Charlebois @ Établissement Leclerc

Éric Charlebois a publié sept recueils et travaille à son quatorzième. Il a remporté des prix et les a rapportés. Plus souvent, il n'a rien gagné, donc rien perdu. Il conçoit et anime maints ateliers. Il est agoraphobe. Il est multiple. Il est claustrophobe. Il est petit espace. Il est acrophobe. Il doit toujours escalader quoi que ce soit pour atteindre le cran social. Le reste du temps, il travaille, avec les mots, dans la confection masculine et le monde du sport.

LA FAIM JUSTIFIE L'ÉMOI

On m'avait gentiment demandé de concevoir et de présenter quelque chose qui ait trait à la fin. Antithétique, donc, d'emblée, à mon esprit. J'ai décidé de faire converger le récit poétique vers la chute, la fin en suspens, la déception, l'anticipation, l'attente et le foudroiement. Ironie. Tout était comme un solstice d'automne. Nous sommes partis de la notion de récit poétique et de poésie narrative.

Il y a d'abord eu sensibilisation et exercices quant à l'intention et au contexte d'expression, à la réception et au contact, à la relativité et à l'unicité de la moindre occurrence. Tout est perspective : soit refoulée, soit sublimée ; soit anticipée, soit fantasmée. C'est en tentant de définir le protagoniste et la répression dont il doit faire l'objet qu'ont été abordées les notions de décalage et de superposition.

Ensuite, il a été question du temps psychologique et du mode, dans une perspective narratologique : strates, associations, trame. La circonstance spatiale est aussi essentielle à l'imaginaire sensoriel et à la reproduction du sens.

De là, nous avons misé sur les perspectives et les focalisations selon lesquelles se présente le narrateur, de la candeur et du cynisme pour rendre crédibilité, conviction et certitude à l'instance narrative. Nous sommes partis de la thèse selon laquelle rien n'est vrai, rien donc n'est faux ; tout est contingent, donc possible, en deçà des associations que peut établir l'esprit humain, donc du souvenir et de la projection. On ne peut imaginer l'impossible.

Il a été question de rhétorique, de production d'image poétique, par le biais de l'axe métaphorique, de l'axe oxymoral et des juxtapositions que sont l'attelage et l'hypallage. Nous avons tenté de déconstruire cérébralement l'émotion en spécularité et objectivité du soi. Nous avons remis en question la caractérisation du «fait divers». Tout cela devait aboutir à une question centrale: Qu'est-ce que la beauté? Ainsi, tout cela a donné lieu à des paradoxes, des fulgurances et des images bouleversantes, afin de démolir tout ce qui est cliché, donc convenu, déjà vu, extrait et copié. Si nous ne pouvons que re-créer, qu'est-ce que la création? La tentative de caractériser autrement ce qui est. La réification de l'émotion contribue à en faire un objet hors de soi, donc malléable, disséquable et pétrissable.

Les assises étaient alors en place pour entamer la conception à rebours, le retour sur l'indice crucial et la mise en place funambuliste de la chute et du suspens. De fait, nous nous sommes penchés sur la vulgarisaton de la théorie au sujet de la sollicitation du lecteur par le personnage, du pacte que sous-entend la fiction, de l'entonnoir qu'est la crédibilité dans l'incertitude, des ponctualités successives et de la non-chronologie. Il s'agit toujours de laisser une impression, de ne jamais tout exprimer. Pour ce faire, il a été impératif de développer un personnage obsédé, un objet obsédant et une avenue dont certaines pistes latérales étaient exploitées. Encore une fois, il était impératif de ne pas tout dévoiler, de révéler une perspective, non pas une essentialité. Il s'agissait de produire une scène qui donnât lieu à la capture sensorielle, à la synesthésie, dans la diachronie, dans la psychochronie. Il fallait faire en sorte que le lecteur se situât par rapport au personnage, non pas à la place du personnage. La thématique était alors la postapocalypse.

Enfin, nous nous sommes conscientisés quant à l'oralité, soit au silence et au mutisme, à l'insuffisance des mots, à la cacophonie de l'altérité intégrée, à la prostration, à l'inénonçable, au tabou: désacralisation par la parole mais sacralisation de la parole. Nous avons abordé les variations en matière d'intonation et de débit. Nous avons prouvé que le mal de vivre, même d'être confiné au souvenir, s'avère ce qui est expulsé. Ainsi, concevoir une fin, c'est déjà avouer qu'elle n'est pas fin, qu'elle est fugace. Pourquoi relit-on un livre, réassiste-t-on à la projection d'un film ? Nous avons donc remis en question les notions de pardon et de rédemption, afin de prouver la vertu téléologique – donc orientée vers une fin – de tout.

Aucune vérité, aucune fausseté. Esthétisation de la soi-disant réalité. Pronom omnifictif, donc possible mais non pas assumé. Contraste. Spontanéité. Automatisme, donc effort de déchaînement. Cadavres ex-quidams. Les exercices ont été nombreux, promptement et inopinément menés, pour provoquer, catalyser et canaliser. L'émotion et la beauté étaient tiers, donc accessibles et objets de désir. La description d'un lieu, d'un personnage, d'une situation contrariante, dont l'occurrence était possible, telles étaient les pierres angulaires de la crédibilité. Ne rien inventer, mais réagencer, sans que l'on s'arroge le droit de supposer que c'est chacun qui se racontait. En effet, le pacte initial aura été que, peu importe le pronom qui allait scander la narration, rien ne permettait, logiquement, d'apparier et d'identifier ce pronom à l'auteur. Les mises en situation étaient ponctuellement imposées et foudroyaient une scène qui semblait voguer doucement vers le cliché et la berceuse.

Des énoncés choc. Des fragments d'actualité. Des paradoxes. Des propos incomplets. Des phrases tronquées. Des onomatopées. Sans s'aventurer plus loin quant aux techniques d'ébullition créative et d'écriture contrainte qui ont été mises de l'avant, on peut ainsi résumer celles-ci : en partant de la conception selon laquelle tout échange est un cadavre exquis et un ouvroir de littérature potentielle, en leur conférant une phrase, un mot, une lettre initiaux, ils devaient saisir l'objet et en assumer la direction, vers une fin que chacun, seul, connût ; des bribes, des sédiments à rapiécer, à assembler, des tessons à agencer, sans les recoller inutilement. Ils ont alors éprouvé que le moindre mot est intention, aspiration, audace : seul chacun d'eux peut exprimer, faire accepter, convaincre, être crédible, rassurer et établir avec certitude. Seul chacun détient la fin du récit avant qu'elle ne soit écrite ; il doit alors faire converger les éléments, avec fausses pistes et résignation, pour mieux percuter. Les moyens justifient la fin, à la lecture ; ils ont dû ne jamais perdre de vue cette perspective. C'est ce que nous avons besoin de croire, et les gars, et vous et moi, toujours, en tout. La quête de surprise, de fracas, de foudre passe souvent par la plus candide et la plus cynique des narrations, afin de désamorcer l'esclandre attendu.

Ainsi, nous avons travaillé à partir d'un mantra omniprésent : *La faim justifie l'émoi.* Il faut semer, cultiver et fomenter des attentes pour que le lecteur situe le texte en fonction de celles-ci. Autrement dit, il faut inciter la prise en conscience de l'émoi en ayant pris soin de creuser l'avidité et la frénésie du lecteur ; on ne peut amortir ce qui n'a pas été amorcé.

Je m'assujettis moi-même, quotidiennement et très matinalement, à la ponctualité, à la spontanéité, à l'expulsion, à la présence d'un mot, donc d'un concept, initial, provocateur, catalyseur, galvaniseur ; je ne pouvais agir autrement envers eux, particulièrement parce qu'ils avaient, eux, soi-disant brimé l'autre d'un droit quelconque au désir, à l'aspiration et à l'anticipation ; c'est un peu cela, enfreindre et transgresser la loi.

Évidemment, c'est à dessein que je ne précise pas, ici, les thèmes et les incipits en question qui auront été proposés ; ce serait futile après tout, puisque je ne détiens aucune emprise sur quelque vérité que ce soit. Je me permets, toutefois, de partager la technique fondamentale que j'ai mise à l'épreuve : un sourire, un rire, l'œil embué, la poignée de mains, puis la voix, en leur parlant comme si je les savais incarcérés, mais que je ne les considérais pas moins intégrés à ma société, au même titre que moi à la leur. Ne pas faire semblant qu'ils sont « dehors », certes, mais ne pas, non plus, faire semblant qu'ils sont en marge et qu'ils n'ont accès à aucune information, qu'ils n'ont jamais évolué dans une autre enceinte, quelle qu'elle fût alors.

Aucune catharsis, aucune thérapie ne constituait l'intention. Très oral : se cramponner à sa propre voix, aussi lassante ait-elle toujours semblé. C'était sans prétention, sans arrogance, sans souci d'obséquiosité : le trivial et la justesse linguistique s'entrelaçaient toujours. Le rire suivait le cri. Le murmure succédait à la béance.

Il a fallu, de part et d'autre, un processus d'évaluation de l'autre, de conviction, d'assurance. La candeur n'en est pas lorsqu'elle repose carrément sur l'ignorance. L'écho ferraillé des portes déclenchant, clinquant, grinçant, puis se rabattant. L'odeur de poussière vierge. Le blanc livide, étincelant, aplanissant, antarctique. La préhension des poignées de mains. L'arrière-goût de reflux et de surproduction d'enzymes. Rien n'allait de soi, du contrôle à l'entrée, au départ toujours partiel. Quand les gars étaient en instance de création, en transe de conception, je me levais, j'arpentais la salle, je comptais les lézardes, pour ne pas rester immobile, pour ne pas éprouver ma propre impuissance et pour ne pas pleurer ma déception de ne pas accomplir plus.

Il n'y a eu ni simulation, ni jeu de rôle orchestré; de toute façon chaque manifestation, chaque expression s'inscrivent dans les interventions de cette nature : prendre la parole, c'est interpeller, solliciter, susciter, en jaillissant de ce que l'on était la seconde précédente. Les mises en situation étaient toujours en fonction d'un constat soudain ou d'une réplique à brûle-pourpoint, sans pour autant brimer le champ sémantique et l'exploitation thématique, quelles qu'elles fussent. Il y avait des individus, donc matière à personnage. Il y avait l'ombre d'un lieu, sans qu'il fût imposé. Il y avait un événement imminent ou qui venait tout juste d'éclater, donc une réaction vive. Il y a eu l'inspiration issue du pavé, du métal, du poétiquement désinvolte : panneaux de signalisation, constat et imaginaire provoqué qui avaient ponctué le trajet, objets dont l'emplacement pouvait être insolite. La réalité est toujours ce qui est le moins vrai et ce qui catalyse l'association et le chavirement mnémonique. Tout ce qui est perçu est transplanté.

Il n'y a rien eu qui fût ou maléfique, ou ésotérique. Il n'y a rien eu qui relevât du merveilleux, mais beaucoup de fantastique. Il y a eu le regard et les sourcillements. Il y a eu les mots et la ponctuation. Il y a eu une main et un avant-bras tendus et des corps entiers qui s'arc-boutaient pour les saisir. Il y a eu une confiance réciproque avant qu'elle ne pût être réfléchie. Il y a eu une connivence dans le caractère humain que trahit le fait de se pourlécher les lèvres en parlant, de faire craquer ses jointures, de verser une larme, de cligner, d'éclater de rire, de porter une casquette ou une tuque, de ne savoir trop que faire de ses propres bras, de trébucher sur sa propre langue. Il y a eu la certitude de n'achopper à aucun tabou. Il y a eu la conviction qu'il fallait ébrécher les clichés. Il y a eu la crédibilité des fouilles dans la salle de classe, qui étaient incomparablement plus profondes qu'à l'entrée grillagée. Il y a eu l'impression que le Soleil était immobile. Il y a eu la confirmation selon laquelle le temps était immuable. Il n'y a rien eu qui fût magique, à part les gars.

Chaque mercredi matin, les outardes se préparaient à la migration. Comme les gars. Elles se réunissaient librement, à l'intérieur des barbelés. Comme nous. Chaque mercredi matin, les murs étincelaient. Comme un homme qui redevient fondamentalement humain.

Merci, Sylvie Frigon.

Merci, Lucie Chicoine, toi dont l'intervention constante permet aux gars d'écrire, de créer, de rêver, puis d'être crédibles et convaincants-convaincus. Ils se doivent de rayonner à travers toi pour continuer à éprouver la condition humaine : faire du bien, c'est réussir à inclure l'autre avec ce que l'on pense de soi.

Quand je rentrais, vers l'ouest, il y avait toujours un coucher de soleil rose-orangé comme nos joues, puis la portière de ma voiture se fermait avec le fracas le plus dur et le plus impitoyable de la journée.

FERRY TALE : CONTE DE TRAVERSIER
DÉLIBÉRATION INCONDITIONNELLE

Ça frappe encore à la porte, comme dans un enclos de salle de toilette d'aéroport. C'est à ça que ça sert, une porte : ne pas répondre.

Papier à emballer enroulé en guise de cadeau. Visibilité induite : feu blizzardent. Je suis pohémien, là où l'on s'enchevêtre sans chevet.

J'ai pensé à son sourire de coquillage et à ses mains de polyuréthane. C'était une journée comme une autre, une fin du monde comme une autre. Froide tiédeur. Tour complet sans degré. Dure moelle.

Ça cogne à la porte et ça heurte l'écho. C'est toujours en sursaut que l'on se réveille. La nuit a été blanche comme une mariée trahie et rancunière. On a fermé le verrou quelque part dans mon ventre, pendant que je conduisais une voiture téléguidée.

Microsociété. Macrosatiété. Ne prendre la parole de personne si on ne l'a pas regardé dans le regard. Leurrer toutes les larmes de son sort. Tout interdire et ne rien dire. Tout interdire pour punir, comprimer le désir non plus seulement de l'objet, mais de consommer. Quand on est remis en liberté, on succombe à l'excès, à la concrétisation de ce qui n'avait droit d'être qu'un rêve. Priver, est-ce vraiment rétablir ? La vie est toujours dehors. On m'a mis à la porte, un jour, parce que je buvais trop de paroles.

Tout cela sans même tergiverser la moindre larme.

Je n'ai jamais vu d'aussi belles plantes que celles qui poussent en prison. L'humain est tellement mis à nu qu'il a chaud. La vie est toujours hors d'elle. Le fer clinque et grince, puis il se perd dans les étoiles qui sont comme des coches dans une vitre. Il n'y a pas de fenêtre, pas de calendrier, pas d'horloge ; le temps est la trame musicale du générique.

Si j'étais immortel, je voudrais tout de même être incinéré. Si j'étais incorruptible, je ne serais jamais né, jamais jeté dans la fausse alerte, jeté comme un bouchon de liège, comme un flocon de ouate dans un flacon de comprimés, comme un porte-carte de chambre d'hôtel. Il y a la lumière de toujours.

Il a fait beau tous les jours où je suis allé chez le serrurier ; faire une serrure, c'est emplir autour d'un trou. Faire beau, c'est une drôle d'expression, hein ? Soleil pleuvant, fer resplendissant, feux rouges verdâtres.

Une volée d'outardes entre muraille et clôture. Accrocher ses rêves aux barbelés pour les y faire sécher. Pris la main dans le sacrament de piège d'une autre main. Seul l'art de raconter est vrai, jamais ce qu'on y dit, m'a-t-on supplié de croire, un jour. Je n'ai été vraiment pratiquant qu'une seule fois ; c'était aux funérailles d'un inconnu, alors que je visitais une cathédrale cathéter ; le pauve fortuné avait succombé à la tentation de s'évader de sa prison thoracique et des serrures sous ses yeux.

J'essaie de me mettre à la place du gars dans le miroir qui regarde le gars devant le miroir. Ne pas tout dire, ne pas tout dire... ne pas tout... J'ai donné une cigarette à un homme ; il m'a donné son briquet. Le but brut est toujours précis ; c'est le processus qui le brouille. J'ai passé l'aspirateur sur l'inspiration. Je suis incarcéré dans la liberté. Milieu carcérant.

C'était la pleine lune sur les joues de mes homologues. C'était un ciel étoilé comme jamais sur les murs lézardés de mon espace protecteur. Je voudrais leur tendre demain.

Je fais des graffitis dans l'air. Je m'en vais à la guerre grégaire. Je m'en vais à la paix et au parapet. Ça frappe à la porte. Je tente de tourner la poignée, mais je ne la trouve pas. Il fait noir. Il fait encre. Il fait nuit. Il fait ce qu'il peut. Parle moins, parle moins fort, chuchote, chute, tombe, périclite et inhume-toi avec la terre des autres.

Encore des pommes de terre. Encore des hommes de la Terre. Encore des pommeaux d'éther. Scrapitalisme et agence du revemisànu. Elle est incandescente pour mon froid dans le fardeau. La dernière fois que je lui ai dit que je l'aime, ou que je l'aimais, ou que je l'ai aimée, ou que je l'aimerais, ou que je l'aurais aimée, c'était lorsqu'a été prononcée ma sentence : notre lit à la verticale, porté par deux déménageurs.

Émotif raisonnable de croire. Encyclopédie en d'innombrables fantômes. Éteindre l'eau chaude comme on éteint un feu froid. Les équipes sportives sont nommées selon des caractéristiques de hors-la-loi. Dehors, c'est l'oisiveté. J'ai voulu lui écrire, souvent, mais seules des voyelles sortaient du papier ivrogne et narcomane.

Les mots sont des heurtoirs qui se fracassent contre les porte-tout. Je suis à Montréal et je suis les règles d'un jeu de dons, de joncs et de dragage. Les dragons sont un préau enflammé.

J'aurais voulu être une orthèse. J'aurais voulu être un narcissiste. J'aurais voulu ne rien vouloir. Je compte les barreaux, non pas les espaces qui les érodent. Je compte les jours passés, non pas les jours à venir. Je compte les photos, non plus les fautes. Je compte à rebours vers la seule fin certaine : l'enfin du monde horizontalement matelassé et plat de mes parents. Résultat malgré soi. Séquelles malgré toi.

Irruption cutanée dans le ciel, au carrefour. Illégitime enfance. Grésillement, pointillisme et ébullition dans l'écran. La vie en boisson gazeuse, comme avec onze pailles, assez pour mes dix frères et moi. Rose nanane et orange lueur de lampadaire sur le pavé suintant et se recroquevillant de ce soir-là et des soirs juste au-dessus de la barre du jour dans mon ventre.

Il n'y avait aucune penture, aucun ancrage, aucune inclination, à la porte. Je ne me suis jamais senti obligé de répondre Je te lis quotidiennement, et non pas que dans le journal ; lui seul souille mes mains. Oui, j'ai beaucoup à pondérer ; je ne veux pas que tu sois éponge ; je ne veux pas être dégât. L'envie suture la peur, oui, et à plate-couture. Toutefois, en ce moment, sans jamais regretter quoi que ce soit, je me sens comme un spirographe qui ne tourne pas sur le papier émeri de ses propres mains. Je veux sculpter une vie sans demain, que de mains. Légitime défense d'éléphant dans la pièce de remplacement. Des doigts en serrure.

Le mode infinitif est une souillure sur l'infini. Saccage thoracique. Points de suspension en guise de verdict. Je compte les carreaux, non pas les espèces. Chronique de la perpétuité. Je risque le rien pour le rien, le trou pour le trou, dans cette charcuterie de recherche. Je suis dans l'outre mesure du possible.

Ça cogne à la porte. Je n'entends rien. Je vous convie au 357 Z de mes tripes et de mes trappes.

On agit toujours en légitime défense contre le jour qui point.

La candeur et le cynisme sont sous-jacents au degré d'hypocrisie, de dramatisation et de cliché qui enveloppe la situation.

Être candide, c'est être fidèle au passé.

Être cynique, c'est être insensible à l'égard de l'avenir.

Est-on plutôt victime ou coupable de suicide ?

Évanaissance. Évanoui et non.

Légitime défiance.

On se serre la pince comme au bras-de-fer, pour former une rampe d'accès et un échangeur.

La vie réversible comme une tuque. Une odeur artificielle de rouge à lèvres. Le cœur en baluchon. Le corps en bandoulière dans un pare-brise. Cliché comme un Je t'aime gémi au moment du coït.

On trahit toujours quelqu'un, puisqu'une impression et une prévision nous précèdent toujours.

Je n'ai jamais constaté le point culminant auquel le pardon et le rachat sont inutiles : c'est le désir de changer, de produire, de se manifester, de propager la beauté qui comptent : une planche à voile dans le désert, des vœux imprimés sur la montgolfière, un moulin à vent intact après l'ouragan.

Ne pas oublier de fermer le grillage. Ne pas oublier de verrouiller la porte.

Nous portons tous la même combinaison d'événements. Nous portons tous le même tatouage en guise de tache de naissance. Nous forçons tous le même sourire devant le passant qui nous éventre pour y déposer une enveloppe affranchie.

Nous sommes tous prisonniers d'un livre intemporel laissé sur le coin d'une table et qui craque chaque fois qu'on l'ouvre.

Le retour dans le passé n'a pas de limite, selon l'Agence du revenu du Canada.

Ça frappe à la porte, et c'est si loin.

Ça frappe à la porte, et c'est tellement moins.

Ça frappe à la porte, et c'est comme dans un rêve qui ne revient pas.

Des crissements, des grincements, des entrechocs, des vrombissements ; des chiens de garde à tous les coins de rue, déguisés en trafiquants qui sont déguisés en bons petits gars.

Traction. Infraction. Contrevenir en marche arrière dans un sens unique. Convenir à une soif d'imperméabilité.

Ça cogne à la porte ; c'est mieux qu'à mon visage. Je vois à travers la fenêtre quadrillée qu'il s'agit de l'un de mes employés. Sans doute de mauvaises nouvelles. Une augmentation de salaire ou une réduction de travail. Réclamer une assurance-vie en cas d'éternité.

Pire que souhaiter la mort de ceux que l'on aime, c'est souhaiter sa propre mort par le biais de ceux que l'on aime. Je te lis quotidiennement, la nuit, et non pas que dans tes poèmes ; je lis aussi tes chroniques de la contorsion. Je parle pour que la voix dans ma tête ait une voix dans sa tête.

Ça cogne à la porte. C'est mieux « ça » que « on » ; ça fait plus dépersonnel, antipersonnel, moins hypocritement impersonnel.

Je suis fonctionnaire ; je dois me le répéter, comme ça, parfois, pour me dégourdir, m'ébrouer et me rappeler à la soi-disant réalité ; Transport Canada, secteur de la signalisation, département des sens uniques. Je suis dysfonctionnel en public.

Je me rappelle notre dernière nuit ensemble, les yeux et les joues en Afrique du Nord et les accusations d'infidélité soupçonnée ; j'ai juré fidèlement, non pas fidélité, t'avais-je répondu, alors que je ne t'avais jamais trahie ; l'aveu est tellement plus simple, même s'il est mensonger.

J'ai plongé amoureux de toi, la chroniqueuse, pour que tu me ligotes dans le temps, pour que tu m'ancres et m'enracines dans le sable mouvant, pour que tu me rappelles à l'actualité pour que j'oublie l'actuel. Je me suis relevé bancal. Au terme d'un long procès que l'on m'a intenté, j'ai été acquitté, non pas disculpé ; c'est toujours de l'histoire d'amour que l'on est amoureux.

Ça cogne frénétiquement, hystériquement, avec une imperturbable régularité à la porte, comme le feraient un démolisseur, un bélier, une fronde, un boulet. Tout autour, des écrans, des klaxons, des phares, des feux de circulation, des panneaux de signalisation, légitime défense de stationner et de flâner. Tout autour, des photos de mes enfants. Tout autour, des sens uniques.

Soudain, ça ne cogne plus à la porte ; je n'aurai sûrement été qu'une entrée d'urgence, une décence cynique, un agent double trop simpliste. L'optimisme, c'est pour les perdants. Le jugement est en suspens. Je ne délibérerais qu'à une condition : que l'on m'impose un cul-de-ressac.

Ça a frappé à la porte tambour. Ça a frappé à l'emporte-pièces. Ça a frappé en porte-à-faux.

Une figure paternelle se montre le bout du néant.

La figure paternelle est symétrique.

La figure paternelle est polyèdre.

La figure paternelle ne figure pas parmi les causes premières de la non-perpétuité de l'espèce d'optimisme qui égaie un matin par pleine lune.

Un bâton de dynamite en guise d'éponge dans la piscine.

Un pistolet à l'eau dans le désert.

Une bombe dans le siège social d'un banc de parc.

Le poème commence après la dernière page, sur la quatrième de couverture de laine. Ce que nous avons tous en commun, c'est une génétique essentielle, donc impénétrable, donc un défi à la fois éternel et égotique : déterminer qui l'on était.

La figure paternelle, c'est toi qui me rappelles de me calmer les nerfs et de prendre une gorgée de l'oasis au lieu d'une photo du mirage.

Une gourde pleine à côté d'un cadavre.

Une lettre d'amour dans la poche intérieure du veston d'un sueur à gages.

Une dernière phrase sans ponctuation sur la face intérieure de la porte du bureau du directeur.

Tes mains pour seul aéroport.

La figure paternelle se demande pourquoi elle ne reçoit plus de questions.

La figure paternelle écoute le jeune homme sans répliquer, en se contentant de s'assurer qu'il respire.

La figure paternelle sourit comme un toit ouvrant.

La figure paternelle regarde au-dessus de la monture de ses verres.

La figure paternelle prend une autre gorgée de larmes et de sueur issues du jeune homme, son fils.

La figure paternelle tente de configurer l'avenir de la prochaine seconde.

La figure paternelle est un valet de cœur dans une quinte royale de pique.

La figure paternelle compte la caisse et attend le soutien technique du système d'alarme.

La figure paternelle attend la libération de son fils, le jeune homme d'âge moyen.

La figure paternelle est dans la salle d'attente de son passé, dans l'antichambre des maîtres.

La figure paternelle en a assez du silence vacarmé.

La figure paternelle frappe et cogne encore à la porte.

La porte s'ouvre, sans déclenchement, sans grincement, sans coup de vent.

Je suis là, assis au volant, le sourire en coin de rue et prêt à partir pour le nous du monde.

666

par Rocky

La fin de l'année arrivait à grands pas, ce qui signifie que les examens de fin d'année arrivaient aussi. Élise, une étudiante comme toutes les autres, étudiait en histoire et elle était finissante aussi. Élise savait que pour obtenir son secondaire cinq, il fallait qu'elle étudie très fort. Cette journée-là, elle s'aperçut qu'elle avait oublié son livre d'histoire dans son casier à l'école.

Alors, elle décida d'aller à la bibliothèque pour emprunter le même livre. Elle était chanceuse car il ne restait qu'une trentaine de minutes avant la fermeture. Après avoir constaté le temps qui lui restait, elle se dépêcha de trouver ce livre. Elle consulta la bibliothécaire pour trouver l'emplacement exact du livre. Élise vit que la bibliothécaire était une femme très séduisante, elle dégageait une énergie sexuelle magnétisante. Elle remarqua sa poitrine généreuse et le pentagramme à l'envers qu'elle portait sur sa chaîne. La gardienne des livres avait un regard maléfique, des reflets violets dans ses yeux. Pendant qu'elle lui donnait les directions, elle lâchait des petits rires vicieux. Tout d'un coup, Élise se rappela d'une histoire qui disait que cette bibliothèque était maudite par des esprits démoniaques. C'était aussi un ancien endroit de culte.

Dès qu'Élise reçut les directions, elle partit à la recherche du livre. En chemin, elle entendit des sons bizarres, mais ne s'en occupa pas. Elle se laissa distraire par un autre ouvrage très intéressant. Tout de suite après, Élise trouva le livre recherché. Elle le prit, le feuilleta et le referma. En revenant au comptoir pour officialiser l'emprunt, elle remarqua que les lumières étaient en veille : il n'y avait personne. Élise voyait les chaînes sur les portes principales, ce qu'elle trouvait inquiétant. En constatant toutes ces choses, elle commençait à paniquer un peu. Tout à coup, elle entendit une voix qui récitait quelque chose dans une langue étrange. On aurait dit des incantations, pensait-elle. Élise avança vers le son de cette voix qui était comme celle de la bibliothécaire. Elle voulait appeler la police, mais elle avait oublié son téléphone cellulaire à l'école...

Bloquée dans la bibliothèque, elle était «faite comme un rat», se disait-elle. Élise avait très peur maintenant, en plus, la nuit était tombée. Elle n'en pouvait plus de rester dans cette bibliothèque de malheur. Élise était cachée derrière une étagère de livres et elle observait la bibliothécaire qui semblait être une sorte de sorcière. Tout à coup la sorcière hurla :

— Tu es cuite !

Élise sursauta de peur car elle se demandait comment l'autre avait su qu'elle était là ! En cherchant Élise, la sorcière ricana à haute voix :

— C'est moi qui ai fermé la porte ! Tu es le sacrifice pour mon dieu !

Après avoir entendu ces choses, Élise se sauva, les jambes à son cou. Elle ne croyait pas aux sorcières et à la magie. Mais elle se rappela que lorsqu'elle était petite, ses parents lui racontaient souvent des légendes de son pays natal. Que pour tuer des sorcières, qu'il fallait leur couper la tête d'un coup et brûler leur cerveau. Elle se dit qu'elle n'avait pas le choix, c'était pour sa vie ! Bien sûr elle n'avait pas de couteau ni de machette dans sa sacoche. Élise se souvint alors d'avoir vu en entrant un extincteur et une hache de pompier près de la porte de secours. Après avoir vérifié si la voie était libre, elle se dirigea vers la hache en silence pour ne pas que la sorcière la remarque. Elle élabora un plan qui consistait à couper la tête de la sorcière par-derrière.

Avant de mettre son plan à exécution, Élise vérifia que la sorcière était occupée. En effet, elle était en train de lire un semblant de grimoire. Ensuite, elle se faufila discrètement entre les étagères de livres sans faire de bruit. Elle se positionna en arrière avec la hache. Ses mains bien fermées, d'un coup sec elle trancha la tête de la séduisante sorcière. Dès que la tête tomba à terre, celle-ci lâcha un hurlement à faire se dresser les poils du dos. Puis, Élise mit son pied sur la tête de la démone et visa le front avec la hache. En un coup solide, qu'elle donna de toutes ses forces, elle réduisit en bouillie le cerveau. La sorcière ressemblait à un pot de fleurs cassé en mille morceaux. Pour être sûre de son coup, Élise ne prit pas de chance, elle mit feu à la bouillie qu'était le cerveau. Tout à coup, le corps prit feu, les flammes étaient violettes comme le reflet de ses yeux.

Après avoir scruté le plafond, elle alluma le système d'alarme de feu en actionnant un petit levier. Celui-ci sonnait bruyamment, ce qui fit venir les pompiers en même pas quinze minutes. Élise ressentit un soulagement en attendant les pompiers et les policiers venant à sa rescousse. Elle avait eu très peur pour sa vie et, jusqu'à ce jour, ne comprend pas vraiment ce qui lui est arrivé.

La maison de mes états
par Daniel

Entre, sort, entre, sort... Maudite porte! Elle est toujours dans ma vie, ouverte ou fermée.

Je dirais plutôt: à l'intérieur comme à l'extérieur.

Ouverte: veut-elle me laisser entrer ou sortir?

Fermée: veut-elle m'interdire d'entrer ou bien me garder prisonnier?

L'autre jour, j'étais à l'intérieur et elle me dit: «Ouvre la fenêtre et laisse entrer un peu d'air si tu étouffes, ou bien laisse-la fermée si tu n'es pas prêt.»

Je lui répondis: «Veux-tu bien me dire de quoi tu te mêles, maudite fatigante, avec tes serrures toujours barrées...»

Ma mauvaise humeur était dans le plafond et j'avais la testostérone dans le tapis. Donc, je me suis retiré dans la cave au plus profond de moi-même. En passant, la cave n'est pas finie; tu t'en doutais sûrement. En ce lieu bizarre et malodorant; j'ai une magnifique vue sur la cour et le jardin.

Mais la fenêtre ne s'ouvre pas en bas; elle est condamnée de l'extérieur. «Donc si je comprends bien, va falloir que je remonte l'escalier et que j'ouvre encore cette maudite porte et que je fasse le tour de la maison pour y aller.»

De la merde! Je vais continuer de creuser pour la terminer, cette cave. Quand j'aurai fini, eh bien je monterai au grenier pour me débarrasser de toutes ces araignées et de cette poussière, qui sont là depuis un certain temps...

Mais pour l'instant, je crois que je vais aller faire un petit somme pour décompresser un peu...

132

Combien de temps ai-je dormi?

Peu importe, le temps n'est qu'une invention de l'homme après tout. Les secondes, les minutes, les heures, les jours, les semaines, les mois et les années ne sont qu'une illusion. N'est-ce pas plus important de savoir pourquoi et non combien?

Maudite société!!!

P.-S · Suis-je prêt?

LA MONTAGNE DE LA LIBERTÉ
par Martin S.

Eh bien voilà, le soleil se lève sur cette magnifique journée d'automne tout en illuminant ces superbes teintes orangées que les feuilles des arbres reflètent partout aux alentours. En voyant ce merveilleux spectacle s'offrir à mes yeux, je n'ai pu résister à l'appel de la nature et j'ai décidé d'aller faire une promenade en montagne avec Hurtibise, mon chien. J'ai donc commencé à rassembler tout mon équipement, sans bien sûr oublier ma nourriture ni celle d'Hurtibise. Mais en voyant toute cette activité, voilà qu'Hurtibise s'est mis à courir dans tous les sens, tellement excité qu'il ne pouvait rester en place.

C'est alors que le téléphone a sonné. J'ai hésité avant de répondre mais au fond de moi, je ressentais que je devais prendre cet appel. En décrochant le combiné, j'ai aussitôt reconnu la voix troublée de mon meilleur ami Tommy, qui me suppliait de lui venir en aide. J'ai essayé de savoir ce qui lui arrivait et ce qui s'était passé, mais rien à faire, je n'arrivais pas à comprendre ce qu'il me disait au téléphone. Je lui ai donc dit : «Attends-moi, je vais passer chez toi avec Hurtibise, nous irons marcher en montagne et tu pourras m'expliquer ce qui ne va pas.»

Je me suis donc rendu chez lui et une fois arrivé sur place, j'ai constaté combien il était mal en point. Pour moi et Hurtibise, cette journée était parfaitement resplendissante de soleil, mais pour Tommy c'était probablement la plus grosse tempête de sa vie, car dans ses yeux il pleuvait bien plus que dans les cieux et sans aucun doute, c'était pratiquement la fin du monde.

Je l'ai laissé pleurer un bon moment car il n'était pas capable de me répondre ni de m'expliquer ce qui s'était passé. Mais heureusement qu'Hurtibise a su le consoler et le réconforter afin qu'il se calme. Lorsque j'ai enfin entrepris de lui poser quelques questions, il m'a simplement répondu qu'il ne voulait pas en parler, qu'il ne voulait simplement pas rester seul et qu'il avait besoin de se changer les idées.

Nous avons donc pris le chemin de la montagne et nous nous sommes dirigés au pied du mont Césaire pour faire son ascension. Le mont Césaire est une montagne très reconnue pour ses parois d'escalade mais aussi, pour ses superbes sentiers pédestres aux paysages féeriques.

Arrivés sur place, nous avons emprunté le sentier du sommet. Tout au long de la montée, Tommy a gardé le silence et s'est contenté d'admirer le paysage tandis qu'Hurtibise, lui, courait dans tous les sens et sentait partout les odeurs nouvelles de la montagne.

Plus nous montions, plus le visage de Tommy semblait devenir paisible. Je me suis alors dit : «Voilà ce dont Tommy avait besoin, seulement d'un peu d'air frais et de la beauté pure de Mère Nature.»

Cependant, la montagne était étrangement déserte pour une journée aussi splendide. Je dois avouer que je commençais sérieusement à me questionner sur le comportement de Tommy. Mais une fois arrivés au sommet, nous nous sommes assis au bord de la falaise et nous avons contemplé ce paysage de rêve qui nous était offert. Nous sommes restés ainsi pendant plus d'une heure sans dire un seul mot. Quand soudainement, Tommy m'a regardé et a commencé à me parler.

Il s'est mis à me raconter des souvenirs de son enfance, des moments heureux et aussi des moments douloureux. C'est alors qu'il m'a dit ce qui l'avait mis dans cet état. Il m'a expliqué que sa conjointe était atteinte d'un cancer généralisé, que les docteurs lui avaient annoncé qu'ils ne pouvaient plus rien pour elle et qu'ils lui donnaient environ six mois à vivre.

Comme elle souffrait terriblement et qu'elle ne supportait pas de souffrir encore ainsi pendant plusieurs mois, elle avait décidé de mettre fin à ses jours hier dans la journée. Lorsqu'il était rentré du travail, Tommy avait trouvé sa conjointe inanimée dans le salon avec une lettre d'adieu entre les mains.

C'est alors seulement qu'il se leva, me regarda droit dans les yeux et me dit : «Mon ami, je ne te remercierai jamais assez d'avoir toujours été là pour moi et d'avoir su toujours m'écouter quand j'en ai eu besoin, mais là, je suis rendu au bout du rouleau et je ne peux plus continuer sans elle, et l'image de son corps étendu sur le plancher du salon, c'est trop douloureux à supporter.»

Il regarda l'horizon, me regarda encore une dernière fois, me fit un sourire et il sauta du haut de la falaise en criant le nom de Joannie, sa bien-aimée, et se libéra de cette douleur en rejoignant celle-ci au paradis.

UNE DURE JOURNÉE
par Stéphane

Il était une fois, dans le sud du Québec, un endroit où il y avait une colline, une rivière et un lac. Sur la colline, il y avait des arbres comme des érables, des sapins, des pins et bien d'autres. Dans cette forêt se déversait une magnifique rivière. Dans cette rivière, il y avait des poissons que l'on nommait saumons. Et dans ce lac, il y avait des grenouilles...

Cette histoire commence après la fonte des neiges. Il n'y avait plus de glace, les saumons avaient hiberné sous l'immense manteau hivernal en haut de la colline. Pendant la saison froide, ils s'étaient accouplés et avaient donné naissance à des bébés saumons.

Cette colonie de saumons descendait la rivière en sautant et sautant sans arrêt. Car ils venaient de vivre un hiver très long. Cette année, tous ensemble, ils démontraient une grande joie. À l'embouchure du lac, comme chaque printemps et chaque été, se tenaient normalement à cet endroit les grenouilles du lac. Elles chantaient toutes ensemble. Crouak! Crouak! Crouak!

Mais ce printemps-là, il y avait seulement une grenouille, Gri-Gri, qui était très jeune et très petite. Elle avait reçu ce nom à cause d'une tache grise sur son front. Elle cherchait ses amis pour jouer à qui sauterait le plus loin. Mais après des recherches qui n'aboutirent pas, elle se rendit au bord du lac où se déversait la rivière, afin de regarder les saumons sauter et jouer.

Chaque début d'été, le plaisir des grenouilles était de sauter d'un côté à l'autre de la rivière en regardant les saumons qui passaient pour se rendre au lac. Coquines, elles leur jetaient de belles grimaces avec leurs langues, en sautant de côté. Après une grande pause, Gri-Gri décida d'aller voir Monsieur Barbu, qui était le plus vieux poisson de ce lac. Il demeurait complètement de l'autre côté du lac, à côté d'un très gros rocher.

Rendue à l'habitation de Monsieur Barbu, Gri-Gri s'aperçut qu'il dormait paisiblement à côté de la grosse roche. La raison pour laquelle Gri-Gri voulait rencontrer Monsieur Barbu était qu'elle voulait savoir pourquoi ses frères, ses sœurs, ses oncles, ses tantes, ses parents, ses amis n'étaient plus là... Monsieur Barbu était au courant de ce qui se passait dans ce lac, car il était très âgé.

Pendant que Monsieur Barbu dormait, Gri-Gri le contemplait d'un regard triste. Tout à coup, il ouvrit les yeux et jeta un regard en direction de Gri-Gri. Celle-ci sursauta et Monsieur Barbu se dirigea vers elle, qui trouvait que le vieillard avait un regard inquiétant. Il demanda à Gri-Gri ce qui n'allait pas et ce qu'elle faisait loin de son habitat. Gri-Gri lui répondit qu'elle cherchait les autres grenouilles. Monsieur Barbu lui dit :

— Les humains sont venus ce matin de très bonne heure et ont emmené toutes les grenouilles du lac.

— Pourquoi donc ?

— Ces gens s'appellent des biologistes. Ils trouvent des solutions à des problèmes causés dans l'environnement.

Monsieur Barbu continua :

— Car il y a quelques jours, de l'autre côté de la colline, dans le lac voisin, les grenouilles étaient très malades. Les biologistes veulent vérifier la santé de nos amies. C'est la raison pour laquelle leur visite de ce matin est importante.

Pendant que Monsieur Barbu racontait les derniers événements qui venaient de se produire dans leur lac, Gri-Gri avait beaucoup de chagrin et pleurait en même temps.

Monsieur Barbu la regarda directement dans les yeux et lui dit :

— Ne pleure plus, toutes les grenouilles vont revenir bientôt. Les biologistes veulent redonner la vie au lac.

Gri-Gri cria :

— C'est vrai, tu es vraiment certain ?

Monsieur Barbu lui fit signe que c'était vraiment vrai. Après cette discussion, elle remercia son ami et retourna de l'autre côté du lac dans son habitat. Arrivée à destination, elle vit les poissons sauter et jouer. Même en l'absence de ses amies, Gri-Gri décida d'aller jouer avec eux. Les poissons consolèrent Gri-Gri avec un accueil chaleureux.

— Tu vas voir, elles vont revenir, tes amies grenouilles...

Gri-Gri reprit le goût du rire et de l'amusement. Après cette longue journée, fatiguée par les événements vécus, cette petite grenouille s'endormit en un clin d'œil. Le lendemain matin, au premier rayon du soleil, Gri-Gri fut réveillée par de gros bruits venant de la forêt. Elle courut se cacher derrière une roche et écouta attentivement les bruits qui se rapprochaient.

C'était les biologistes qui revenaient vers le lac. Leurs mains tenaient des contenants en plastique. Mais Gri-Gri ne voyait pas ce qui se cachait à l'intérieur. Elle s'enfuit à toute allure se réfugier dans la forêt pour ne pas se faire prendre par ces humains. Au moment où plus un seul bruit ne troublait la forêt, après quelques instants, elle entendit l'eau s'agiter. Curieuse comme elle était, elle bondit vers le lac en silence.

Ce fut un inoubliable bonheur...

C'est à ce moment-là qu'elle aperçut sa famille et ses amis en train de sautiller entre les joncs. En toute hâte, elle partit bondissant, en faisant de très grands sauts en leur direction. Au loin, les grenouilles l'aperçurent.

À ces retrouvailles, Gri-Gri était d'une humeur remarquable : la joie qu'elle pensait disparue à jamais faisait son apparition dans son cœur. Car elle aimait beaucoup ses amis et ne pouvait pas penser qu'elle aurait pu jouer toute seule le reste de sa vie... Les grenouilles sautèrent, elles étaient si heureuses d'être ensemble de nouveau.

Au loin, les saumons regardaient ce bonheur retrouvé. Un peu plus loin, caché derrière des quenouilles, Monsieur Barbu admirait cette belle image de l'amour entre ces petites grenouilles.

Pendant cet été, tous les poissons et les grenouilles eurent un plaisir fou à s'amuser en faisant des jeux qui n'en finissaient plus. Ce fut un événement inoubliable.

La vie avait été rendue au lac.

Un héros discret
par Serge

Mon nom est Charly et voici mon histoire :

Un jour, je me suis dit : « Il faudrait bien que je reste à la maison, que je me repose dans ma cour. »

Chose dite, chose faite.

Une heure plus tard, mis à part le chant d'oiseaux, j'entends un bruit dans la cour d'à côté et je m'approche de la haie. Je remarque un gars qui emménage dans la maison voisine de la nôtre et il m'a l'air tout à fait correct. Je me dis qu'aussitôt qu'il sera installé, j'irai bien faire sa connaissance.

Trois jours plus tard, je l'aperçois siroter un verre au bord de sa piscine. C'est là que je me dis : « Le temps est venu de traverser. »

Je profite de l'occasion pour y aller puisque Diane, celle qui fait partie de ma vie, n'est pas là. En cinq secondes, je me retrouve devant lui. Il me regarde soudain et me dit : « Sors de ma cour, tab... mon ost... mon cal... »

À mon avis, il n'était pas de bonne humeur...

Je suis donc revenu dans ma cour, essoufflé, le cœur battant à tout rompre (eh bien ç'avait été la surprise de ma journée) ! Tout à coup, j'entends parler ce gars avec la troisième voisine. Elle lui dit : « Il est correct et très gentil. » Son voisin rétorque probablement : « Oui, mais cela n'exclut pas le fait que j'ai déjà eu de mauvaises expériences et je ne veux pas me lier d'amitié avec lui. »

L'évincé de la cour réplique : « Oh ! Ok... Je vais rester chez moi ! Il faudra s'y faire. »

Les semaines et les mois ont passé. L'été suivant, une bonne journée du mois de juin, il faisait vraiment beau, comme un renouveau, et j'ai eu un drôle de feeling. Soudain, j'entends un bruit sourd et un autre bruit de verre cassé, suivi d'un cri : « Ouch ! Ça fait mal... »

Tout de suite sans perdre de temps, je vais chez le voisin peu sociable à mon égard. Rendu devant la maison, je remarque de la fumée qui sort par une fenêtre déjà ouverte. Donc, je m'introduis et là je l'aperçois. Constatant qu'il souffre et qu'il tousse, je me place près de lui. Il s'appuie sur moi.

Malgré la fumée, on sort et les pompiers le prennent en charge. Il me dit : « Merci, Charly ! »

Surprise... Tu parles ! Il savait mon nom ! ! !

Diane s'approche du blessé en lançant maintenant : « Vous pourrez venir nous voir ! » Celui-ci répond : « Je n'y manquerai pas ! »

Au même moment, tous les curieux criaient : « Charly a sauvé Steve ! »

Quelques jours après, un journaliste s'est pointé à la maison. Diane lui a répondu et l'a invité à entrer et à passer au salon. Moi, je finissais de me rafraîchir et je l'entends dire à Diane que la ville, pour la première fois, va donner une médaille de bravoure et que c'est très rare, surtout pour un chien...

Voilà mon feeling du début. Il faut toujours écouter notre... feeling!

C'est un mal pour un bien...

Steve, il est devenu mon meilleur ami. Et ce n'est pas tout, de par le même fait, il est devenu aussi l'amoureux de Diane, voilà du positif!

Je suis un Bo-Gro-Tou-Tou!

UN LION DANS LA JUNGLE
par Down Town

Un lion avance lentement vers la forêt. À ce moment, deux singes tombent de l'arbre directement sur un éléphant qui était en train de manger des feuilles par terre. Le lion se promenait dans la forêt, essayant d'attraper quelque chose à manger. Après trois minutes de marche, il a aperçu un serpent qui était en train de grimper dans l'arbre. Il saute sur le serpent et l'attrape par-derrière. Il le mange d'un coup en regardant derrière lui pour des prédateurs.

Un peu plus loin, un petit lion était à la recherche de sa famille qui était partie depuis qu'il était né. En se promenant dans la forêt, il aperçoit un gros crocodile vert dans le lac qui était en train de manger des poissons rouges. Le lionceau est allé vers l'eau puis a essayé d'attraper un poisson, mais le crocodile cherche à l'attaquer. Il a sauté de l'autre côté du lac. Rendu de l'autre bord, il a vu deux gros lions imposants qui couraient à pleine vitesse. Qui donc sont ces animaux?

Le petit a essayé de les suivre, mais les gros lions fringants couraient trop vite. Il avait le sentiment que c'était ses parents, alors le petit courait dans la même direction qu'eux. Mais il est venu un temps où il ne pouvait plus courir. Subitement, il était très fatigué, alors il a cherché quelque chose à boire. Aussi, il a bu de l'eau qui coulait d'un arbre.

En regardant derrière lui, il a aperçu sa mère et son père qui regardaient dans sa direction. Leurs regards se sont croisés. Ils ont marché lentement l'un vers l'autre. Puis, il a vu que c'était sa mère. Ils se sont donné une grosse caresse, puis ils ont vécu ensemble depuis ce temps-là.

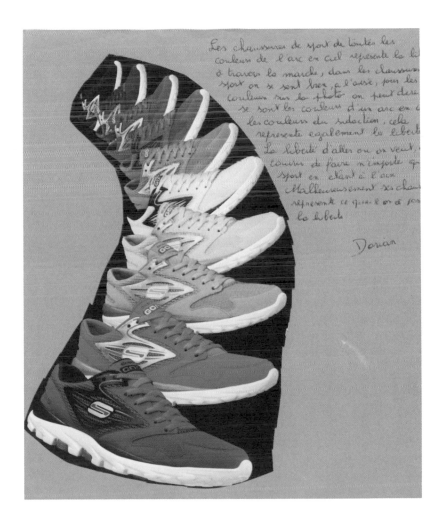

DES ATELIERS DANS MA CLASSE, AU PEN

Lucie Chicoine
Enseignante de français au pénitencier Leclerc

Je ressens un immense bien-être au fond de mon cœur, un peu comme si j'étais sur une autre planète... Nous avons vécu quelque chose de vraiment particulier, j'étais tellement fière d'eux : un bonheur tranquille, puissant. Faire naître des émotions... car elles sont là, à fleur de peau, au bout des doigts et des crayons.

En fait, c'est simple et à la disposition de tous : du papier et un crayon. Le reste est à l'intérieur d'eux, car ils ont du vécu. De cela, de ces expériences aux couleurs variées, faire naître du vrai, faire naître de la fierté chez les gars : reconnaître qu'ils sont capables d'écrire des textes dignes d'être appréciés puisque des gens sont venus nous entendre. Des gens qui se sont déplacés de loin. Oui, il y a des gens sensibles à ce que nous avons à dire.

Le 12 décembre 2012, à l'Établissement Leclerc, environ vingt-cinq personnes sont venues entendre mes huit étudiants, tout simplement, dans ma classe. «Si j'avais su qu'il y aurait tant de gens, je ne serais pas venu», me dit l'un d'eux. On avait préparé la salle, on avait placé des chaises en demi-lune. «Pourquoi tant de chaises ?» me demanda un autre. «Parce que c'est plus difficile d'en rajouter à la dernière minute», répondis-je. Chacun m'aidait à sa façon : on attendait des invités.

Les ateliers d'écriture ouvrent une fenêtre sur l'extérieur. C'est une fenêtre nécessaire parce que les journées peuvent devenir tellement semblables les unes aux autres qu'on en perd le fil... Grâce à un projet de l'Association des auteures et des auteurs de l'Ontario français (AAOF) chapeauté par Sylvie Frigon, nous avons eu le privilège d'accueillir trois séries d'ateliers.

Tout cela a commencé le jour où j'ai pris contact avec Guy Thibodeau, conteur d'expérience. Nous avons parlé une heure sans voir le temps filer. Nous allions dans la même direction. Étant consciente de l'importance de l'écriture dans un contexte où des étudiants sont en apprentissage du français, j'ai tout de suite accueilli ce projet de l'AAOF d'offrir des ateliers au sein de ma classe. Je voulais que par ces ateliers, on enlève la pression astreignante de l'écriture de façon à ouvrir la porte à quelque chose de nouveau, de différent. Un autre intervenant, que l'on n'est pas habitué de voir à tous les jours, une autre structure, les tables placées autrement dans la classe... Pourquoi ne pas essayer ?

Il y a donc d'abord eu quatre ateliers d'écriture d'une durée de trois heures. Quatre moments où un groupe d'environ huit étudiants se sont ouverts à un autre genre d'intervention par le conte. Le conte a réussi à nous transporter hors des murs et nous a permis de vivre, par l'imagination de chacun, des histoires qui font du bien et qui nous ont révélé un petit peu de chaque participant. Tous ces souvenirs enfouis, il fallait les dépoussiérer pour pouvoir s'en servir. Tout d'abord, il nous a fallu apprendre à écouter, à être réceptif à l'autre sans avoir d'attente. C'est comme si on avait fait une brèche dans le temps pour nous permettre cette écoute. Le respect du conteur était la première valeur à privilégier. Guy nous parlait doucement, comme si un mystère se glissait, nous étions réellement ailleurs. On aurait entendu une mouche voler...

Nous sommes alors passés d'un pays à l'autre, d'un univers à l'autre : l'Afrique, le Cambodge, le Québec, une maison hantée, une partie de pêche... Toutes ces visions nous ont révélé un volet de la personnalité des participants parce que cette écriture provient de ce que chacun a vécu de près ou de loin. Pour cette raison, cette écriture est parfois longue et difficile à produire, mais combien satisfaisante lorsqu'elle s'évade enfin. C'était émouvant lorsque l'un de nous racontait cette histoire provenant d'Afrique que sa grand-mère lui avait racontée lorsqu'il était tout petit... Et cette histoire du Cambodge nous a fait frémir, surtout lorsque nous avons su que l'enfant à naître, c'était le conteur lui-même... De telle sorte que nous n'avons pas vu le temps passer. À 15 h 50, nous étions les derniers à sortir de l'école...

> J'ai appris que les contes nous représentent et que chaque conteur nous fait voyager.

Un deuxième volet a débuté lorsque j'ai parlé avec la poète Tina Charlebois. Après les ateliers de conte, les gars étaient plus ouverts à accueillir de nouveaux invités, même si je sentais toujours une certaine réticence. Je n'étais pas certaine de l'accueil qui serait fait à cette activité si différente, je me disais que la poésie, avec des hommes... Mais l'un d'eux m'a déclaré: «La poésie, c'est comme les chansons. Moi, j'aime ça, les chansons.»

J'ai alors invité tous les étudiants de français des différentes classes à se rassembler en un seul groupe. Peu importe le niveau scolaire, chacun pouvait émettre son opinion. À son tour, la poésie a réussi à nous transporter hors des murs par la créativité qui devenait omniprésente. Cette fois encore, avec une atmosphère détendue et propice à la création, nous avons dépassé la classe de français pour nous offrir un temps de qualité. On sentait une belle énergie régner dans la classe et un lien se créer entre les participants.

> J'ai découvert de la diversité et le talent des autres.

Il y eut enfin un troisième volet. Cette fois-ci, certains gars m'avaient demandé d'écrire des nouvelles. Éric Charlebois, poète, a su relever le défi avec brio.

Les étudiants étaient curieux de rencontrer une nouvelle personne mais dans bien des cas sceptiques: cette personne pourrait-elle vraiment les aider à parfaire leur écriture du français? Éric, spontané, débordant d'énergie, avec sa grande simplicité, est entré dans ce contexte où il a dérouté mes étudiants. On s'est mis à jouer avec les époques, il nous a éveillés à ce que les mots évoquaient pour nous. On a fait des exercices, comme des cadavres exquis, pour sortir des clichés et on a élargi le concept de la beauté: comment dire les choses autrement?

> Ça ouvre les sens et ça laisse place à l'imagination, ce qui nous permet de rêver dans un monde meilleur, l'imaginaire.

Les étudiants l'écoutaient. Encore là, on aurait entendu une mouche voler. Puis, ils se sont mis à l'ouvrage, les crayons grattaient le papier. Et ils étaient beaux... Peu à peu, ils laissaient entre les lignes cette partie d'eux-mêmes qui pourrait faire le lien avec un auditoire... Des textes étaient en train de naître.

Et puis, ces trois séries d'ateliers ont été couronnées par une après-midi de lecture, le 12 décembre 2012. Puisque l'Établissement Leclerc fermera bientôt ses portes, c'était probablement le dernier événement du genre et de cette envergure. Vous pouvez aujourd'hui lire les textes de mes étudiants. Il s'agissait de leur tendre la perche, et c'est ce que nous avons fait.

Andrée Lacelle

Blanche fenêtre

Tiroir ouvert sur cahier brûlé

Tout revient vers elle
L'âme enceinte
Au petit jour

Un instant n'est plus
Ne cesse d'être
Avant les mots

Peau entière corps rompu
Sous des masques
Sans horizon
Elle sombre
Délire de cendres

Ses mains offrent le vide
Vaste
L'amour sa perte sa lueur

Le temps se fige

Douleur magique
De vivre

Le temps tonne

Mal subi mal commis
Cœur clos larmes libres
Au petit jour

Avant les mots
Vision d'un visage
Trop loin d'elle

Or savante meurtrie
Elle sait comment
Se défont les visages
Où ils naissent

En suspens la croyance
Le temps s'ouvre

Douceur magique
D'être

Un cœur bat
Fenêtre blanche
Blanche fenêtre

Partie B. MILIEU COMMUNAUTAIRE

I. LE CENTRE ELIZABETH FRY DE L'OUTAOUAIS

Alberte Villeneuve-Sinclair @ Centre Elizabeth Fry de l'Outaouais

Enseignante à la retraite, Alberte Villeneuve-Sinclair a signé deux romans psychologiques, *Une prière pour Hélène* (2007) et *Le jardin négligé* (1990, traduit en anglais: *The Neglected Garden*, 2005). Elle a participé aux émissions de télévision *Pour tout l'amour du monde* et *Ginette reçoit*, pour aborder des thématiques telles la violence faite aux femmes, la force de l'amitié et la santé mentale. De 2009 à 2013, elle a signé une chronique dans le journal électronique *True North Perspective* et pour le *Bulletin des Arts* de l'AOE. Elle collabore présentement à *Perspectives Vanier*. Elle donne aussi des ateliers d'écriture aux enfants et aux aînés. Récemment, six jeunes participantes à l'un de ses ateliers à l'école Saint-Guillaume de Vars ont écrit sur l'intimidation. Leur récit, *Le génie de Jessie*, a été diffusé dans d'autres écoles et dans plusieurs salons du livre, traduit en anglais et présenté au Forum 2013 sur l'intimidation à Ottawa.

RÉINVENTER SA VIE

Alberte, c'est mon prénom, un vieux nom pour une vieille âme... C'est à l'âge de douze ans, après avoir lu le journal d'Anne Frank, que je me suis mise à écrire. J'avais découvert que me confier à un journal pouvait m'aider à gérer mon trop-plein d'émotions, ma solitude et comprendre les dynamiques qui influençaient ma vie. Aînée de quatre enfants, élevée à la campagne, ma petite école m'offrait amplement de temps pour lire à mon gré, en plus du privilège d'aider l'enseignante. De cette expérience est né mon premier souhait : devenir à mon tour enseignante.

Ce premier souhait s'est réalisé en 1968. Je suis devenue enseignante au primaire... une enrichissante carrière de trente-deux ans. Quant à mon deuxième souhait, me marier et fonder une famille, il s'est réalisé l'année suivante. Malheureusement, mon époux serait diagnostiqué bipolaire à peine trois ans plus tard. Mais en 1975 naissait mon trésor le plus précieux : ma fille...

Après sept années d'enfer suivant le diagnostic fatidique, mon mari mettait fin à ses jours. Je devais recommencer ma vie, et c'est l'écriture qui me permettrait d'écouler ce passé trop lourd à porter. C'est ainsi qu'a pris forme mon premier roman, *Le jardin négligé*, qui m'a offert la possibilité de rejoindre d'autres femmes aux prises avec des situations semblables. C'était là mon troisième souhait, celui de devenir écrivaine. Donner espoir aux femmes qui se sentaient coupables, aigries, abîmées ou découragées, leur faire comprendre qu'on peut s'en sortir, que la vie nous offre un nouveau départ, quelle belle aventure ! Et quels beaux préparatifs pour accueillir l'amour, le vrai, l'homme de ma vie... Ce premier roman n'était que le début d'une plongée dans l'écriture qui se poursuit depuis maintenant plus de vingt ans.

Le projet d'ateliers en milieu carcéral, soutenu par l'Association des auteures et auteurs de l'Ontario français, a tout de suite attiré mon attention. Donner une voix à ceux qui n'en ont pas, j'aimais l'idée ! Mais après la première rencontre avec Sylvie Frigon, j'ai douté de ma décision : ma grande sensibilité serait-elle un obstacle dans ce projet ? Après notre deuxième rencontre, ma crainte s'est toutefois dissipée, pour faire place à la confiance et au sentiment de participer à une dynamique spéciale.

J'ai offert mon premier atelier le 1er février 2012. À ces jeunes femmes, j'ai parlé de mon cheminement, qui n'a pas été facile, car j'ai connu moi aussi la solitude, l'abus et la trahison. Je leur ai ensuite suggéré diverses formes d'écriture : de la lettre à la poésie, du conte au court récit. Ce premier contact a eu pour effet de mettre les participantes à l'aise et d'établir un climat de confiance. Après tout, notre expérience de femmes n'est-elle pas universelle ?

Ces jeunes femmes avaient grand besoin de parler de leur passé, d'expliquer ce qui les avait menées à avoir des démêlés avec la justice. Souffrance humaine due à une dysfonction familiale, à la négligence ou à l'indifférence, abus physique, inceste, toxicomanie, manque d'amour, de soutien financier ou d'entraide, sentiments négatifs et faible estime de soi... Il fallait le dire... Je les ai ensuite encouragées à entamer l'écriture d'un texte empreint de cette lueur d'espoir que l'on recherche toujours tout en rendant justice aux expériences vécues, ressenties : « Pour transformer profondément notre existence, nous devons tourner la page sur notre passé et ouvrir notre esprit à de nouvelles façons de penser. »

Chaque atelier subséquent offrait à chacune le temps de travailler son texte, de retravailler avec moi pour ensuite continuer chez elles. À la fin de la session, nous avons fait un court partage. Nous avons tous besoin d'espoir, nous avons tous besoin que quelqu'un nous touche de façon spéciale et nous fasse confiance.

Le parcours qui mène une personne à avoir des démêlés avec la justice m'a toujours intriguée. Qu'est-ce qui peut la pousser à faire ainsi des choix risqués, dangereux ? Dans *Écoute ton corps*, Louise Bourbeau énumère les cinq blessures qui nous empêchent d'être nous-mêmes et de nous épanouir : l'abandon, le rejet, l'humiliation, la trahison et l'injustice. Ces blessures marquent l'individu, parfois à vie, et engendrent des problèmes tels la dépendance affective et de consommation, la fuite ou l'agressivité, le contrôle excessif, la rigidité...

Ce qui m'intéresse chez les personnes qui ont eu des problèmes de parcours, c'est la réhabilitation, les histoires de succès, de vies complètement transformées. Comme pour Jean Valjean, dans *Les misérables*, il suffit que quelqu'un nous touche au plus profond de nous-mêmes et nous rende notre dignité.

Ces jeunes femmes en sont rendues là ! Elles ont payé leur dette, elles veulent changer. Elles veulent offrir à leurs enfants plus qu'elles n'ont reçu : une enfance heureuse, des relations saines et aimantes, le respect de soi et des autres, du soutien et la chance de s'épanouir...

J'ai senti que cette expérience d'écriture leur avait donné le goût de réinventer leur vie, de porter un regard neuf sur l'avenir et d'oser croire que les choses vont aller en s'améliorant, qu'elles vont s'éloigner du chaos pour se diriger vers une vie meilleure et une plus grande sérénité. C'est ce que je leur souhaite de tout cœur.

Mon bébé adoré

par Alexanne

Tant de moments perdus,

Moments qui ne reviendront plus.

Tant de moments gaspillés

Et de temps écoulé!

Impuissance

Devant les circonstances.

Jalousie mal placée,

Manipulations exagérées...

Qui ont eu comme résultat

Qu'on t'enlève à moi, ta maman.

Plus de caresses ni de baisers!

Tes sourires m'ont tant manqué!

Tes premiers mots m'ont échappés!

Tu étais pourtant ma joie de vivre!

Six mois à te chercher dans ton lit,

Six mois à attendre, à en vouloir

À ceux qui n'ont rien dit.

Six mois, dénuée de tout pouvoir!

Condamnée à attendre,

Condamnée à espérer

Te reprendre

Et t'aimer !

Demain, tu me reviens

Mon bébé adoré.

J'ai peur des autres,

Peur du jaloux et de ses méchancetés.

Je t'aime tellement, mon enfant !

Je t'espère ; j'ai hâte à demain

Pour te retenir longtemps

Et bâtir un nouveau destin.

Maman xxx

LETTRE À MALYK
par Mélodie

Cher Malyk,

Je t'écris afin que tu comprennes pourquoi tu n'es plus avec moi. Depuis trois ans et demi, la DPJ interdit les contacts entre toi et moi. Tu es un grand garçon de six ans déjà. Tu es si beau !

Quand je suis tombée enceinte, je n'avais que dix-sept ans. J'étais à la fois surprise et fière, car ça ne faisait pas longtemps que je connaissais ton papa. Mais je te voulais ; tu étais mon petit bébé à moi !

Tu es né en soirée le 7 juillet 2005. C'est mon plus précieux souvenir ! Quand je t'ai pris dans mes bras, tu étais le plus beau cadeau que la vie pouvait m'offrir. Je te couvrais de bisous ; je te gardais toujours dans mes bras. Tu étais mon petit trésor à moi !

Je ne vivais malheureusement pas un conte de fées ! La DPJ a ouvert un dossier. Ton papa nous a quittés et nous sommes allés vivre avec «pépère». Lorsque je suis tombée malade, pépère a demandé de l'aide à la DPJ et on t'a placé en famille d'accueil. Tu n'avais que six mois !

Je me sentais perdue sans toi. Je regardais la bassinette vide ; je n'entendais plus tes pleurs et je ne pouvais plus voir tes sourires à ton réveil. C'était le désespoir ! Pendant plusieurs années, j'ai fait tout ce qu'on me demandait de faire pour te ravoir. Mais un jour, la travailleuse sociale m'a dit qu'il était trop tard ; on t'avait mis en liste pour l'adoption. J'ai tellement pleuré et j'ai juré que je ne lâcherais pas... qu'un jour tu me reviendrais.

Je garde espoir de te revoir un jour. De nouveau, nous serons quatre : tes sœurs, Sandra et Mélyna, toi et moi. J'en rêve souvent ; je pense à toi tous les jours. À ta fête, j'allume une chandelle en ton honneur.

P.-S. N'oublie jamais, mon cœur, Maman t'aime et je ne t'abandonnerai jamais.

Love you !

Maman

Xxx

«Le courage ne permet pas de vivre sans peur. Il aide à vivre en sachant que certaines choses sont plus importantes que la peur.»

LETTRE À MOI-MÊME
par Atianna

«Rien n'arrive par hasard. Si on te donne une seconde chance, saisis-la à deux mains. Si ta vie change alors, laisse-la changer.»

Je n'étais pas un être voulu ; ma mère aurait préféré un avortement. Pourtant Lucien, cet homme qui la battait déjà, l'avait obligée à garder l'enfant. Elle n'avait que dix-huit ans et sa mère l'avait mise à la porte. Elle s'était donc retrouvée seule, sans soutien, sans les moyens de subvenir à ses propres besoins, encore moins à ceux d'un enfant.

Et voilà qu'est née Atianna, un petit miracle! Cette aimable petite fille, Sheryl l'a présentée à cet homme qui vivait alors dans une maison de transition pour criminels et serait le conjoint de la tante de Sheryl. Ce n'est qu'à huit ans qu'Atianna apprendrait qu'il était son père biologique.

Cette aimable petite commença un jour l'école. Elle aimait se trouver en présence d'autres enfants et réussissait bien jusqu'à ce que les choses se brouillent en deuxième année. Pourquoi? Malgré les conseils de spécialistes, on a obligé Atianna à doubler, ce qui à porté atteinte à son estime de soi. Il lui aurait fallu de l'aide pour comprendre qu'on peut réparer les blessures du passé, qu'on peut amoindrir les peines...

Voilà! Ce n'est qu'une fois adulte que j'ai commencé à comprendre la dynamique de mon passé et les enjeux de la vie. J'ai donné naissance à deux beaux enfants. J'ai appris à faire de meilleurs choix, à choisir de meilleurs parcours. J'ai appris à ne pas trop m'en faire, à me faire confiance. J'accepte que les choses peuvent changer pour le mieux afin que l'avenir de Jessi et Annie (mes deux petits trésors) soit meilleur. Aujourd'hui, je me souhaite plein de bonnes choses!

Lise Careau @ Centre Elizabeth Fry de l'Outaouais

Poèt'écrivaine, Lise Careau a publié des récits et partagé sa poésie par le biais de recueils, de CD et livres-CD, et par des présentations sur scène incluant des spectacles de poésie performance (*Vous comme moi, La loterie des graffitis, Le corps en poésie I* et *Le corps en poésie II*). Depuis plusieurs années, elle est l'instigatrice d'événements et d'animations littéraires en Outaouais et en Ontario français et, depuis 2003, elle partage sa passion des mots en offrant des ateliers d'écriture créatrice.

INTIMITÉ, COMPLICITÉ, ENCOURAGEMENTS

Dans le cadre du programme *Gestion des émotions et de la colère* offert par le Centre Elizabeth Fry de l'Outaouais, j'ai animé des ateliers auprès de neuf femmes tout aussi motivées les unes que les autres à briser les chaînes qui handicapaient leur vie et, dans certains cas, les privaient de la présence de leurs enfants. Perceptions, attitudes, comportements, habitudes... Ensemble, elles étaient à l'œuvre dans la reconstruction d'elles-mêmes, accompagnées par des intervenantes... et par leurs propres mots qu'elles apprivoisaient en atelier. Ces mots les aidaient à faire la lumière en elles, à s'oxygéner par l'imaginaire et la fantaisie, à mettre en forme des fragments de leur vie et de leurs rêves.

Durant trois semaines, chaque mercredi soir nous rassemblait quelques heures autour d'une table, à la chaude lueur d'une lampe et de chandelles aux flammes vacillantes. Les participantes menant toutes une vie très active (famille, études, travail), un rituel d'accueil les aidait à «atterrir» en atelier. En présence d'une intervenante, chacune décrivait d'abord au groupe, à l'aide d'un thermomètre de carton, son état affectif et émotif, après quoi je guidais un bref exercice de détente et de centration. Suivaient des exercices ludiques d'écriture à partir de différents déclencheurs (images, banque de mots créée collectivement, débuts de phrases). Cahiers personnalisés, crayons de couleur et musique douce favorisaient leur intériorité et leur plaisir d'explorer les mots. Dès la deuxième rencontre, elles ont déterminé ce qu'elles voulaient partager publiquement et sous quelle forme (lettre, récit, poème). Je les ai alors accompagnées avec joie dans leur travail d'écriture et de réécriture...

Leur détresse atterrissait dans ce lieu sécurisant et, malgré la fatigue, elles s'investissaient au meilleur de leurs possibilités dans les exercices d'écriture que je leur proposais. J'ai particulièrement apprécié le courage, la simplicité et l'authenticité de ces femmes, à la fois si différentes et si semblables, dont l'âge variait de la vingtaine à la soixantaine. Je leur suis reconnaissante de la confiance qu'elles m'ont accordée lors de ces ateliers. Dans les textes qui suivent, elles témoignent de leur réalité et, sous les noms de plume Cheval sauvage, Emanuelle, Tit-Joe, Espérance, Femme forte, Arbre enraciné au printemps, Cerveau masqué, Céleste et Bella Unika, elles vous tendent la main.

J'ÉCRIS.
RÉFLEXION POÉTIQUE SUR LE TRAVAIL DE CRÉATION EN ATELIER

Mes mots, petites plaies refermées sur le bruit des gestes quotidiens.

Bruit factice. Facture. Facteur. Fabrique de surfaces protectrices...

Ne tombe pas. Ne tombe pas entre les mots; accroche-toi à leur lueur. Bête calme et peau de plomb. Silence et lourdeur.

Puits. Puiser. Épuisée.

Je marche dans mes pas en évitant la chute en moi. Souffle court et grisaille tout autour. Rumeur. J'accroche mes yeux à la lumière pour apprivoiser la douleur. Apprivoiser la joie. Petites gorgées de mots. Je m'abreuve, m'apprivoise, percée à jour par le détour surprenant de certaines phrases, certaines images. Casse-pierre ; prise-langue ; casse-cou. J'ose. Tension et détention.

Je me laisse aller. J'écris. Dans le doute et l'impatience, je viens à ma rencontre. Exercices ludiques, déclencheurs, provocateurs, pistes d'imaginaire ou ancrages au réel... j'écris.

Surprise! Je dévale parfois des phrases aux tournants étonnés et tournures étonnantes. Comprendre me devient soudain secondaire. Pour l'instant, je pose ma tête au rythme continu, lent, las, curieux ou content. Je file au fil lisse ou décousu de ma pensée... Je dévale des phrases. Des bribes de phrases aux échos nouveaux. Je crée. La couleur m'aide à voler. À me dévoiler. Je découvre en mots le ciel qui m'habite. Du réel à l'imaginaire. À doses variées, homéopathiques, chaotiques... trous bleus.

Des mots ordinaires se côtoient, se croisent, se colletaillent, se reposent... Phrase anodine, familière, parfois cliché, bouée sur la mer de mes doutes et de mes déroutes.

À nouveau l'occasion, le plongeon, l'envol. Rencontres fraîches, rafraîchies, rafraîchissantes. Je m'épelle en fantaisies; je me raconte autrement. Mots vivants. Mon histoire s'écrit au vif du courant. La vie veut! La vie coule! La vie me vit et me ravit! Bouffées d'air frais pour l'âme. La détresse a des ailes.

Ma main attrape des éclats de soleil derrière la toile grise. J'écris. Ma main découpe des morceaux de silence qui fondent sur ma langue. Langage des signes. Sur le papier ils glissent, s'ennuient, se poursuivent, s'entraînent, m'entraînent, m'étonnent, me rassurent.

Ma main étoilée. Bonne étoile. Mobile. Suspendue. Immobile. À nouveau mobile...

Par elle, je découvre mon souffle. Je le découvre en mode singulier. Irrégulier. Parfois fluide, parfois hachuré. J'apprivoise le papier, page blanche m'accueillant sans jugements ni préjugés. Ratures. Processus. J'apprends à ne pas me juger. Ma main ouvre des chemins. Mes mots voyagent, papillons de plomb et de lumière. Ma main range, dérange, ordonne les signes. Lignes droites et sages, lignes courbes ou sauvages... J'étends le temps en horizons linéaires ou circulaires. Rangées paratonnerres.

Je démantibule des clichés, m'approprie des mots surgis du dictionnaire des synonymes ou du *Petit Robert*. Mon œil cueille des images nichées dans la langue. J'enrichis mon jardin, fais jaillir des parfums nouveaux. J'expérimente. Petit à petit, j'apprivoise ma langue et libère mon âme. J'écris.

~~???~~ (présentation)

— toto-DODO —

Je n'ai pas de nom

Je n'ai pas d'âge

Je n'ai surtout pas de numéro

Je ne suis pas de ce monde

Ce monstre ne me ressemble pas

Je suis d'un ailleur infini

et voyez ce qui s'ensuit

assis ici dans votre vie

Je dépéris, dépaysé, exilé

loin de mes rêves, déplumé

les ailes cassées

Je m'ennuie d'un chez-moi

Je m'ennuie d'un chez-nous

Siou

Culbutes pour se faire aimer
par Cheval sauvage

Un homme que j'ai rencontré sur le Net s'en vient me voir pour la première fois. Je me prépare, fais ma toilette, me fais belle, allume des chandelles pour que tout soit parfait...

Toc toc-toc. Il est devant ma porte. Je me sens nerveuse, car je ne sais pas à quoi m'attendre. Je l'invite à monter à ma chambre. On discute et puis voilà, il m'embrasse. Au fond de moi, je préférerais juste pouvoir discuter de tout et de rien. J'aimerais qu'il apprenne à me connaître, qu'il ait envie de me revoir parce qu'il m'a trouvée intéressante, belle et intelligente. Mais je succombe à ses avances et j'ouvre les jambes. Je suis un peu mal à l'aise avec ça, mais bon! Peut-être qu'en couchant avec lui, il va m'aimer plus et me trouver plus belle, bonne et bla-bla-bla... Tout est vraiment bien.

Le matin arrive et... plus de son, plus d'image. «Merci pour la bonne baise, Natacha...» Wow! Il part. Là, dans ma tête, rien ne va plus. Je n'arrête pas de penser à lui, mais rien à faire, il m'a déjà oubliée. Je le *texte*, il ne répond plus. Là, je me sens tellement conne! Je n'ai fait qu'en rajouter un de plus sur ma liste. Ça n'en valait vraiment pas la peine!

Je vis souvent dans ma tête... Je pense aux contes de fées et espère rencontrer mon prince charmant un jour. Mais je sais que ce n'est définitivement pas en couchant avec un inconnu et en ouvrant les jambes le premier soir que le grand amour va arriver.

Pourquoi suis-je dépendante des hommes? Pourquoi est-ce que je m'engage sexuellement ou m'attache émotivement à des hommes sans vraiment les connaître? L'attention de l'autre est vitale pour moi; je ne suis pas bien, seule. Je dois soit aller sur les réseaux sociaux, soit être avec des amis. Je dois toujours être avec quelqu'un ou en contact avec quelqu'un. Sortir seule au cinéma ou au restaurant n'est pas vraiment envisageable pour moi. J'ai besoin d'être reconnue, de me faire aimer, de me faire dire que je suis belle, bonne et ainsi de suite. C'est pour ça que, souvent, j'ai laissé entrer des hommes dans mon intimité.

J'ai aujourd'hui vingt-trois ans et je ressens beaucoup de honte, de culpabilité, de regret et de dégoût de ne pas être même capable de dire avec combien d'hommes j'ai couché. Je me sens vide et incomplète lorsque je me retrouve seule, tout en étant terrorisée par l'intimité et l'engagement.

J'aimerais pouvoir me libérer de ce vide que j'ai à l'intérieur de moi et j'aimerais pouvoir qu'on m'aime debout... La peur d'être seule est toujours présente et le vide que je ressens ne s'explique pas. Ce gros manque d'amour remonte à mon enfance et je ne peux malheureusement pas changer le passé. Je ne peux qu'améliorer mon présent en cherchant des outils pour m'aider à régler ce gros problème de dépendance affective chronique. La clé de ma prison se trouve en moi. Je dois commencer à m'aimer, moi en premier, et arrêter de chercher l'approbation des autres pour me valoriser. Je dois apprendre à faire ça moi-même et apprivoiser la petite fille en moi. Mais mon dieu que c'est difficile!

J'apprends à m'accueillir sans tous les jugements que je peux m'infliger. Je dois me rappeler souvent que c'est une tranche de vie dans un processus de TRANSFORMATION. En espérant un jour pouvoir être libre comme un cheval sauvage!

SANS TITRE
par Emanuelle

Chaque rêve rêvé mérite qu'on s'y attarde. Il ne reflète pas notre réalité, mais il nous indique souvent quel chemin on doit emprunter.

DE MÈRES EN FILLES
par Tit-Joe

C'est l'histoire d'une femme qui avait décidé jeune qu'elle n'aurait pas d'enfant. Mais à vingt ans, elle avait rencontré un homme, l'avait épousé, et de ce mariage étaient nés trois garçons. Elle ne parlait jamais de l'aîné, décédé à l'âge de onze mois... pourtant, cela avait dû être dur pour le couple! Alors qu'elle attendait son troisième enfant, son mari, en visite chez son beau-frère, est mort dans un incendie qui s'est déclaré au cours de la nuit. Je n'ose même pas imaginer la douleur de la femme! Voilà qu'elle se retrouvait veuve, enceinte de six mois avec un enfant de quinze mois à sa charge. Cette femme, c'est ma mère!

Quelques années plus tard, elle a rencontré et épousé mon père, un homme plus qu'autoritaire, un homme tyrannique et violent qui n'acceptait... pas même l'ombre d'une contestation. Ils ont eu sept enfants. Avec lui, ma mère en a vu des vertes et des pas mûres, mais elle n'a jamais baissé les bras. Elle a fait face à mon père même si, j'en suis sûre, elle en avait peur tout comme nous.

Je lui en ai voulu de ne pas nous avoir protégés ou défendus quand notre père nous maltraitait, souvent même de façon injustifiée. Aujourd'hui, je comprends mieux ce qu'elle vivait ou avait vécu... et je lui dis : « Chapeau, Maman! J'admire votre force pour avoir enduré tout ça sans jamais capoter ni devenir vous-même violente! »

Chère maman,

Toute ma vie, je me suis fait dire de me taire ou de ne rien faire, pour ne pas déranger les autres et pour éviter de faire fâcher mon père, mais ça n'a jamais donné le résultat escompté. Aujourd'hui, à l'âge adulte, je ne sais pas comment prendre ma place ni comment m'exprimer pour me faire comprendre sans blesser les autres. Cependant, avec de l'aide, je suis en train d'apprendre! Pour vous, maman, c'était plus facile de ne rien dire... En tout cas, c'est comme ça que je le voyais! Je ne me reconnais pas dans votre façon de faire. Moi, au contraire, j'ai besoin de dire et de nommer les choses et je suis convaincue qu'avec de la pratique, je vais y arriver. Il y a aussi Éliane, ma fille! Je l'encourage à s'exprimer adéquatement et à le faire au fur et à mesure. Je n'aimerais pas qu'elle vive plus tard les mêmes difficultés que moi!

Une leçon de vie déchirante mais gagnante
par Espérance

À toi qui as croisé mon chemin de vie

À toi qui as dévoré mon âme comme un animal affamé et sans pitié

À toi qui – cruelle manipulation – m'as enlevé les êtres les plus précieux dans ma vie

À toi qui m'as rendue impuissante, imprudente, naïve et aveugle d'amour

À toi, à qui j'ai fait confiance sans me demander qui tu étais, à qui j'ai eu tort de confier mon cœur, ma vie et mes enfants

À toi qui m'as humiliée, blessée, qui as ouvert dans mon cœur une fissure grosse comme le cratère d'un volcan

À toi qui n'aurais jamais dû être dans ma vie et nous connaître, moi et mes enfants

À toi qui ne connaîtras jamais les joies de la vie comme moi je peux les savourer pleinement maintenant

À toi pour qui j'ai pleuré tant de fois pour tous ces mensonges si bien cachés

À toi, je dis aujourd'hui...

Grâce à cette douloureuse expérience dont je me suis sentie prisonnière, j'ai fait un apprentissage de vie que je n'oublierai jamais. J'en ressors enrichie. Je peux maintenant flairer rapidement des menteurs profiteurs comme toi. J'ai été capable de changer ma vie et de m'entourer de bonnes personnes. Il y a des choses que tu ne pouvais pas m'enlever : la force de tomber et de me relever, et l'amour inconditionnel que j'éprouve et éprouverai toute ma vie pour mes enfants. La femme et la maman déterminée sont toujours en moi. J'ai remporté cette bataille et j'en suis fière. Comme on dit, après la tempête, le beau temps. Maintenant, je fonce dans la vie avec persévérance et assurance ; je rebâtis ma vie. Je crois en moi et en mes forces !

VIVE LA SOBRIÉTÉ
par Femme forte

La sobriété m'apporte le sourire

La sobriété me donne confiance en moi

La sobriété m'a redonné ma famille

La sobriété m'apporte une vie meilleure

La sobriété me donne des amis positifs

La sobriété me donne un foyer rempli de bonheur

La sobriété me permet de travailler

La sobriété est ma nouvelle vie.

Mais Dieu, que je m'emmerde !

Je m'ennuie à mort. Je capote. Je ne sais pas quoi faire de mon corps.

Malgré tout, je continue à foncer pour garder ma sobriété.

Un jour à la fois.

Vive la sobriété!

Lettre d'une mère à son fils
par Arbre enraciné au printemps

Mon beau garçon, la vie ne nous a pas épargnés.

Je viens d'une famille dysfonctionnelle. Comme tu sais, nous sommes cinq filles et quatre gars, mais il y en a un qui est décédé avant que je vienne au monde. Mon père alcoolique était violent envers ma mère quand il était en boisson. Ma mère, dépendante aux médicaments, avait un amant, lui aussi alcoolique. Je détestais l'alcool parce que, pour moi, alcool signifiait violence.

Un jour, j'ai vu les policiers venir chez nous pour ton oncle et ta tante. J'avais une peur bleue de tous ceux qui étaient en uniforme. Ils représentaient l'autorité.

Puis, alors que j'avais onze ans, ma mère a quitté mon père. Je suis allée vivre avec elle, mais elle n'était jamais à la maison. J'ai alors commencé à consommer dans un parc avec une gang. Je n'ai jamais compris pourquoi puisque j'avais peur de tout. À treize ans, j'ai viré ma première brosse et ça a continué jusqu'en secondaire 3.

J'ai rencontré ton père à l'âge de quinze ans. Lui, il en avait vingt-deux. Il vendait du *hash*. Au début, je ne le savais pas. Moi, j'ai arrêté de consommer. C'était un homme violent verbalement et il me trompait. Il me traitait de «noms», comme ma mère le faisait avec mon père. Nous nous sommes séparés alors que tu avais six mois et là, j'ai recommencé à boire beaucoup, à prendre de la *coke*, de la boisson forte, du *pot*, du MDA, de la mescaline, etc.

À vingt-sept ans, alors que je pesais 85 livres, le 3 novembre 1988, j'ai demandé de l'aide à ton oncle en lui annonçant que j'étais alcoolique et toxicomane, et en lui disant si je n'avais pas d'aide, j'allais mourir. C'est là que j'ai joint les Alcooliques Anonymes. J'y ai rencontré un homme qui ne consommait plus. Un an et demi plus tard, il retombait dans la *coke* et le vol.

Et toi, déjà à l'âge de dix ans, tu consommais des drogues régulièrement, et deux ou trois ans plus tard, tes déboires avec les policiers ont commencé. Tu as toujours été en probation depuis. On n'a jamais eu de répit. J'ai fait des tentatives de suicide. Tu as vécu l'enfer de la drogue. On t'a battu, séquestré et ça a continué pendant des années. Je me sentais tellement impuissante! Et la peur était constante.

Mais j'ai toujours gardé espoir que tu t'en sortes. Quand tu as eu quatorze ans, je t'ai envoyé en centre d'accueil semi-fermé. Pendant ces huit longs mois, la séparation a été difficile. Ça a été très dur pour moi et pour toi! Ensuite tu es revenu à la maison. J'ai repris un appartement parce que je n'en avais plus, je devais payer ta pension et mon auto pour pouvoir aller te voir.

Mon père était alcoolique, moi, alcoolique toxicomane, un de mes *chums*, alcoolique, toxicomane et ex-détenu, et aujourd'hui, c'est toi qui es alcoolique, toxicomane, joueur en ligne et tu as fait de la prison.

Mais tu es un bel exemple d'espoir! Tu sors d'une thérapie de huit mois en cure fermée et tu as pris conscience de plein de choses. Tu n'as que vingt-neuf ans et tu reprends ta vie en main. Je suis vraiment fière de toi! J'ai toujours su que tu étais une personne riche à l'intérieur comme à l'extérieur.

Aujourd'hui, tu peux faire la différence entre être gelé et être sobre, et tu m'as dit que tu aimes bien ta nouvelle vie, que tu es heureux sans consommation. Tu es en train de faire des démarches pour retourner à l'école et pour obtenir ton permis de conduire. Tu as une conjointe merveilleuse. Te rappelles-tu?... Tu n'y croyais pas, tu ne voyais pas de lueur, tu n'avais aucune confiance en toi. Après ces huit mois de travail intensif sur toi, ta vie a complètement changé, parce que tu y as mis les efforts nécessaires. Tu es une preuve vivante que la vie vaut d'être vécue et qu'elle peut être belle!

Je t'aime

Mom

LA VIOLENCE
par Cerveau masqué

Depuis un an, je n'ai pas la garde de mes enfants. J'en ai six, âgés d'un à dix-huit ans. Je les vois en visites supervisées seulement.

Je sais que ce sont mes erreurs de jugement qui font que je me retrouve dans cette situation. J'aimerais comprendre pourquoi j'ai fait de si mauvais choix de conjoints... et savoir comment ne pas recommencer.

J'ai grandi dans la violence. Mon seuil d'acceptation est devenu beaucoup trop grand...

Je suis sûre d'une chose : dès qu'on ouvre la porte à la violence, on s'enfonce graduellement. On en laisse passer de plus en plus. Jour après jour. Violence verbale, violence psychologique, objets brisés, puis violence physique... se faire pousser, se faire prendre à la gorge, recevoir des coups de pied et des coups de poing, etc. Je me suis retrouvée dans un cycle de violence conjugale et je travaille fort pour m'en sortir.

J'ai mis un terme à la relation avec mon conjoint et je ne veux plus accepter de violence sous aucune forme. Pour mon bien-être et pour celui de mes six enfants !

LA PAGE BLANCHE
par Céleste

Chéri,

Je t'ai envoyé une page blanche parce que je n'ai plus de mots. Je me sens vide, aussi blanche que cette page. Je ne sais plus rien. J'ai peur d'avoir perdu la foi.

J'ai fait des efforts considérables pour *entertainer* nos rencontres, mettre du piquant dans ta vie. Et je me suis oubliée. J'ai besoin d'être reconnue et aimée. Je ne sais pas comment rassurer l'enfant qui souffre en moi.

À notre dernière rencontre, je me suis sentie rejetée et je t'ai déçu, je le sais. Je sais aussi que je ne suis pas parfaite. J'ai mal, mon âme souffre. J'erre dans la ville. J'ai perdu mon ancrage. J'ai voulu que tu t'ancres à mon port et je me sens basculer. Je suis tannée que tu mènes le bateau.

Le NOUS implique beaucoup de choses et je m'en sens exclue. Ma vie est organisée autour de la tienne, même le futur. J'avais des rêves avant de te rencontrer et je les ai toujours. Ils m'appartiennent. Se pourrait-il que nous ayons les mêmes rêves ? Si oui, tant mieux. Je t'ai attendu toute ma vie. Je t'accompagne et moi, je suis seule.

Le pouvoir des mots est fort. N'oublie pas ça. Je me suis engagée auprès de toi et rien ne brisera mon engagement. Toi, peux-tu en faire autant ou es tu centré sur ton petit moi intérieur ? Je connais mes qualités et mes défauts. Si tu m'aimes sincèrement, tu apprendras à aimer mes défauts comme j'ai appris à aimer les tiens. Sinon, sois honnête.

Une idée me hante : tu m'as dit lorsqu'on s'est rencontré que tu étais dépendant affectif. Moi, j'ai besoin de ton amour, de ta compréhension et surtout, du respect de qui je suis. Je ne veux plus souffrir. Si tu me choisis, c'est parce que tu y as bien réfléchi.

Sinon, *set me free*

SANS TITRE
par Bella Unika

Un jour ou l'autre, la réalité nous frappe comme un coup de batte dans' face.

On pleure, on rit, on a peur, on cherche une sortie. On se réveille en sueur, les rêves pleins de bruit.

On lutte pour faire sa place. Malgré nos pires souvenirs, notre enfance déçue, nos amours perdues, on n'a pas le choix, on continue. On le fait souvent en chantant, pour faire semblant...

On est des vrais combattants, soumis par le temps...

variations, sur un même chapeau. CELUI DE

MON PÈRE QUI

bataille **contre** les écrans

terrifiánts

D'UN UNIVERS

couleur de sang.

FAUDRAIT FAIRE UN

Grand ménage

DANS LES GARDERIES....

Sylvie Frigon @ Centre Elizabeth Fry de l'Outaouais

COLLAGE
par Sophie

Les yeux clairs le matin

Voir la vie abstinente de toute substance me fait débuter mon jour comme j'aime. Ah! Goût de vivre!

Des choses positives, très bonnes.

J'ai tenu le coup

J'ai élevé mes enfants toute seule, les trois

Monoparentale marginale

Mes deux filles, mon garçon

Aujourd'hui, je suis grand-mère

J'ai toujours passé mon temps à penser aux autres... imaginer que je peux penser un peu juste à moi. J'avais plus de place. Mes proches me ramènent dans le passé, c'est difficile, j'suis tannée.

SANS TITRE
Anonyme

«Vous savez où vous allez. Laissez-nous vous aider à trouver le chemin en toute confiance.» Citation accompagnée d'une photo d'un papa tenant la main d'un enfant avec ces paroles inscrites dans le coin supérieur gauche de l'image: «Je suis là.»

L'ESPOIR AU CŒUR. POÈME POUR MES FILS
par Eva Luna

Je suis coincée entre mon passé et ma réalité.

J'ai cherché loin en arrière, pour arriver à une barrière.

Je me suis blessée, car celui-ci m'a marquée.

Je ne pourrai oublier, mais je peux choisir de ne pas m'y accrocher.

J'ai vécu jusqu'à maintenant dans le néant.

Je suis une incomprise, qui refuse de lâcher prise.

Cesser de fuir enfin et me sentir bien.

Prendre la liberté de pouvoir changer.

Pour moi, c'est arrêter de passer à côté.

Je dois apprendre à m'aimer ainsi qu'à aimer.

L'espoir au cœur, je ne désire que du bonheur.

Les choix que je prends, je les assume et apprends.

J'ai deux beaux enfants, qui me donnent la volonté d'aller de l'avant.

Je donne toutes mes énergies, pour rétablir ma vie.

L'espoir au cœur, je ne désire que leur bonheur.

Cette insécurité qui m'a freinée, je ne veux plus la leur infliger.

Ma vie a totalement basculé, je veux bientôt arriver à contempler
chaque jour et à l'apprécier.

Prendre un jour à la fois et continuer d'avoir la foi.

L'espoir au cœur, je ne désire que notre bonheur.

Maman vous aime, les gars. –x-o-x-

Louise Poirier et Valérie Descroisselles-Savoie @ Centre Elizabeth Fry de l'Outaouais

SLAM – NOVEMBRE 2010
par Antoinette

C'pas une histoire que j'vas raconter

C'est mon vécu.

Y a pas de fée des étoiles, y a pas de prince charmant,

Juste de la rage.

La rage de ma vie en d'dans.

La vie qu'y m'a volée, lui.

Quarante-deux ans d'enfer!

J'ai été mariée.

J'ai fait mon devoir de femme.

J'ai eu trois garçons,

Heureusement, y ont pas fait comme leur père,

Sont pas tombés dans la boisson!

Lui là, même le jour de notre mariage,

Y est arrivé à l'église saoul ben raide,

Une demi-heure en retard, les cheveux pas coupés!

Mon bébé, mon p'tit dernier,

Des fois y pète sa coche, y est jaloux.

Fait qu'Annie m'appelle en braillant.

J'y dis Annie, endure pas,

Fais pas comme moé.

Quarante-deux ans d'enfer!

J'me couchais avant qu'y arrive,

J'voulais pas y parler, parce que ça virait toujours à' chicane.

Pis c'était laitte,

Fallait que je l'crisse dehors, que j'me mette su'l'BS.

Quarante-deux ans d'enfer !

Ça commence à faire !

J'ai fait mon temps !

Toute ma vie sous probation.

Depuis 69, j'fais affaire avec la justice,

Des vols, des fraudes.

C'tait d'la rage,

Moé j'voulais juste parler.

J'disais à' police

Envoye, emmène-moé,

Tant que j'parle à quelqu'un !

En d'dans, j'étais comme en vacances

Jusqu'à temps qu'y aille une surpop

Pis qu'y m'câlissent dehors.

J'allais chercher mes p'tits

Pis mon mari à l'hôtel

Ou ben dans l'lit

Avec une plus jeune, une plus belle.

Même si je'l'crissais dehors encore

Y r'venait à' porte comme un pitou

Pis j'le r'prenais.

Quarante-deux ans d'enfer !

D'enfermement.

Mais là, depuis qu'y est parti chez l'diable,

Moé j'pète le feu !

On dirait que l'bon dieu a ouvert la porte

Pis qu'y m'donne un *break*!

Quand y est mort,

Ça a changé ma vie.

J'peux enfin laisser le passé au chemin

Avec les vidanges.

Y vont ben finir par le ramasser,

Pis j'vas enfin pouvoir respirer

Du bonheur frais,

Pis oublier.

J'm'en vas par en avant.

Je souris avec beaucoup de courage,

Le courage de passer une autre journée sans *tuck up*,

Le courage de faire de mon mieux.

C'est ça qui est ça.

LES TROTTOIRS / CE QUE TU FUIS TE SUIT / C'QUE TU R'GARDES EN FACE S'EFFACE

(Slam – novembre 2010)

par Sylvie P.

J'ai marché sur la rue

Je n'avais plus de revenu

J'accumulais les revues

Où j'ai perdu la vue

La vue de la réalité

Où je sombrais gelée

J'ai passé l'été

À vouloir me péter

Et j'ai su parvenir

À vouloir m'en sortir

Ce n'est qu'avec ce désir

Que j'ai pu m'en souvenir

Qu'il y a tout un avenir

À vouloir me rétablir

À force de m'impliquer

J'ai fini par cliquer

Ce n'est qu'avec une troupe

Que l'on devient un groupe

Un groupe de survivants

Qui fonce vers l'avant

Avant d'abandonner

Il faut se pardonner

Savoir donner son temps

Pour avoir du pouvoir

Le pouvoir de l'espoir

Pour sortir des tiroirs

Pour qu'enfin vienne la gloire

La victoire de l'espoir

Pour sortir des trottoirs

Ma libération
(Slam – novembre 2010)

par Madeleine

J'ai été dénigrée et j'ai pleuré
J'ai pas eu de pouvoir, ni sur moi ni sur ma vie
J'ai fait des bêtises, j'ai fait de la peine
Je suis enfermée dans toutes mes émotions

J'ai la larme à l'œil
Je mets mon masque
J'ai peur de déranger
Je vis beaucoup d'émotions

J'en fais pour les autres
Je m'en fais pour les autres
C'est pas toujours réciproque
Mais aujourd'hui, je me permets d'en parler
C'est ma libération

Comme la bicyclette, c'est ma fugue
Ça me donne une santé de fer
Je m'évade, je pense à rien
Aujourd'hui...
Je me permets cette libération

Après la fuite
par Mona

Voilà mon overdose d'émotions. À force de me couper, briser, masquer ou colorer mes émotions, je me sens méprisante dans ma cellule d'émotions.

Différence d'opinion, de valeur, un gros manque de communication. Comment retrouver une relation saine et stable? Pas cabable d'honnêteté car tu m'as étiquetée.

Pleine de rage, j'ai besoin de crier hurler pleurer, de me défouler, blessée de ma réalité, tannée de souffrir, il faut en jouir. Bâtir sur de faux espoirs, il me faut faire un choix, décider: Dois-je tuer? Ou changer? Je voudrais retrouver le pouvoir de contrôler ma propre vie en liberté afin de m'épanouir et de me développer en paix pour trouver ma tranquillité d'esprit et une grande sérénité dans mon for intérieur.

Vivre / Survivre
Anonyme

Allergie d'émotions

Overdose d'émotions

Je ne sais plus non

Digestion d'émotions

Vague immense

Tellement intense

Je suis *pluguée*

Avec l'univers

À bas les masques

C'est assez la démence

Sacrament

178

PROSE
par Sophie

La tristesse n'est pas notre ennemie. Elle fait partie de la vie, tout comme la joie. Et tenter de la cacher ou de l'étouffer ne nous en libère pas. L'équilibre parfait consiste à accueillir notre tristesse avec courage tout en restant solidement ancrée les deux pieds sur terre dans une vision du bonheur afin de ne pas sombrer dans le pessimisme. Lorsque nos choix sont dictés par la tristesse ou le regret nous n'allons jamais très loin. Mais lorsque nous sommes motivés par la joie, nous pourrions déplacer des montagnes, décrocher la lune. Quelle que ce soit la démarche pour aller mieux, ce qui importe c'est de vous mettre en action dans un état d'esprit positif, parce que l'enthousiasme et la positivité ouvrent des portes, c'est garanti !

« Ton chéri n'est pas celui qui essuie tes larmes mais celui qui t'empêche d'en verser. »

Les blessures ne se referment jamais. Cependant les désinfecter avec de la compréhension, tendrement les panser avec de la douceur et les laisser cicatriser avec de la patience, ce sont les clés d'un cœur nouvellement prêt à aimer.

« Aimer est un verbe qui se conjugue à deux. »

Aimer est et sera toujours un verbe qui se conjugue à deux. L'amour, il faut savoir le laisser aller sans trop vouloir le retenir. Dans ces moments-là, plutôt que de perdre définitivement la personne, la force nous manque.

« Une séparation, même déchirante, vaut toujours mieux qu'une relation qui tue à petit feu doux. » / « Écrire, c'est crier sa colère. »

La vie nous donne toujours des stages pour construire notre personnalité. L'amour n'est pas une chaîne ou une prison où l'on est enchaînée et emprisonnée ; si l'un des conjoints ne trouve plus son compte, pourquoi rester ?

« Remercie la personne qui te critique car, prisonnière de sa propre jalousie, elle ne fait que t'admirer. »

Je connais cette souffrance qui te ronge le cœur, crois-moi mon amour, je connais cette douleur qui te hante quand tu t'endors et qui fait penser à la mort. Je l'ai souvent ressentie, je l'ai souvent haïe, crois-moi, je te le dis. Je vivais un enfer en rêvant du paradis. Je désirais la mort bien plus que cette vie qui me prenait le peu de sentiment qui fait qu'un être reste vivant. Je souffrais de cette chose qu'on appelle le silence mais comment voulais-tu traduire tant de souffrance ? J'ai si fort espéré et attendu que la délivrance un jour m'est apparue. Comme une porte ouverte sur un nouveau soleil, comme le jour quand s'achève le sommeil. Aujourd'hui, je suis là pour te prendre dans mes bras. Je suis là mon amour alors ne pleure pas, la porte s'ouvrira sur de nouveaux espoirs, alors sèche tes larmes mon cœur il faut y croire.

«Je préfère être détestée pour ce que je suis que d'être aimée pour ce que je ne suis pas.»

Notre pensée façonne...

Y en a marre des cons, c'est comme les poils. J'en ai plein le cul. T'es libre de croire que t'es con, mais t'es con de croire que t'es libre.

> «Si regarder en arrière te donne du chagrin et regarder en avant t'inspire du chagrin, alors regarde à côté de toi : je serai toujours là.»
>
> – David Case

Mon engagement aujourd'hui. Je vois les possibilités qui s'offrent à moi aujourd'hui pour effacer les erreurs et les échecs d'hier.

Peut-être qu'on a perdu des combats mais on a essayé, pour l'Amour, et on continue ! Aux enfants de Dieu ! Pour le retour de l'amour. Moi je ne regrette pas d'avoir vibré ! Je suis en vie.

Pour Aller Mieux, ce qui importe C'est de vous Mettre en Action dans un État d'Esprit positif, Parce que l'enthousiaste et la positivité ouvrent des portes énormes!

Ton Cheri n'est pas celui qui essuie tes larmes Mais Celui qui t'empêche d'en Verser.

Les Blessures ne se Referment Jamais. Cependant les désinfecter Avec de la Comprehension tendrement les panser Avec de la douceur et les laisser cicatriser Avec de la Patience sont les Clés d'un cœur nouvellement prêt à aimer

Sophie

II. LE CENTRE ELIZABETH FRY DE MONTRÉAL

Valérie Descroisselles-Savoie @ Centre Elizabeth Fry de Montréal

Mes quatre dernières années
par La Puce

Depuis 2007, début 2008, ma vie a trébuché et détruit, car j'ai tout perdu à cause d'un travail qui est pas légal, donc j'ai perdu mon fils, mais il était trop tard. Quand la DPJ entre dans le milieu famillial, ça fait réfléchir, mais dans mon cas à moi, il était tard pour agir, car se battre pour la justice et pour ses enfants, c'est pas facile, je le sais. Donc pensez avant d'agir, et surtout aux parents, car perdre son enfant, ça fait mal et on s'en veut beaucoup après. Car ce sont nos enfants dans tout ça qui souffrent, car on n'est plus présents pour eux quand ils ont besoin de nous ; on peut rien faire quand on est en prison, et là je suis dans une maison de transition. Ce qui m'a poussée à faire cela c'est le besoin monétaire, «pour mieux arriver». Mais ce n'est pas un bon choix, surtout quand tu as une mère bien malade mais surtout quand tu réfléchis : il y a des moments où vous êtes agressive. Misère à vous contrôler. Mais ça donne rien car dans l'avenir vous récupérerez vos enfants. Ce qui compte maintenant c'est mon fils, ma mère surtout. Ce qui me touche c'est bien ma mère car elle était tout pour moi, un ange ma confidente une grande sœur. Ceux et celles qui ont une mère qui est inapte à tout, ce qui veut dire qu'elle ne peut plus rien faire, laissez-vous pas abattre. Restez fort car c'est compliqué ; moi ça me met souvent en colère et quand je pense à tout ça, mon fils ma mère et tout ce que j'ai fait. Mais je suis toute à l'envers et je pleure qu'on ait une famille séparée, et ça fait très mal.

Mais si Dieu si Dieu existe vraiment, va pas gâcher toute joie dis-moi que c'est pas juste ça paraît que c'est mieux d'garder les yeux sur ton terrain, on dit que c'est pas plus beau dans' cour du voisin.

Si Dieu si Dieu existe vraiment pourquoi tu fais tout ça me laisser comme ça maman me laisser comme ça tu m'aimais fort moi j'ai tellement de haine tant de souffrance tant de colère tant d'aggressivité je pense juste à toi. J'ai le cœur qui fait mal mon cœur est brisé.

Si tu meurs, je meurs avec toi et tant que tu vivras je vivrai avec moi j'ai jamais perdu mon *soul* souvent perdu le contrôle passé à côté de trop de choses là c'est autre chose que je pense. J'ai jamais été vraiment sérieuse, être avec toi, c'est tout ce que je veux voilà que j'arrive dans ta vie, j'voulais combattre ta souffrance avec mon cœur se meurt de mal et de déchéance car tu n'es plus là, on t'a arrachée à moi, tu étais tout pour moi mon ange gardien mon âme sœur tu étais ma mère mon père mon soutien j'aurais tellement aimé que tu reviennes mais la maladie t'a emportée loin de moi. Tu es gravée dans ma mémoire et tu vas le rester à jamais personne ne va prendre ta place car tu es dans mon cœur repose en paix.

Margaret Michèle Cook

Matinale

Je gîte dans cette tête bigarrée, cette tête de la saison des spleens.
Nuages bas et lourds. Grisâtre de l'âme :

je palpe les parois

Marcel Marceau

hébétée

je ne puis me sauvegarder

un recoin

réfractaire

un rat des champs dans un labyrinthe

même pas à la poursuite

d'un morceau

d'opacité

je ne sais plus quoi remanier

ici ça se rétrécit

sortir de moi-même

sortir tonitruer

Je suis prise par les mots qu'on m'a appris. Et que j'ai glanés. Au fil
de mon écoute :

des mots simples

des mots nuancés

des mots enjoués

des mots graves

pourtant je me tiens coite

aucun

ni seul ni attaché

ne semble adéquat

pour peindre

les scènes les émotions les jubilations et les malheurs

les couches stratifiées

entremêlées

dynamitées

de mon corps-esprit-être-paraître

Oh que j'aimerais que chaque journée

soit journée de lumière

mon souhait matinal

avant que le cerveau ne se mette

en branle

papiers falsifiés

peurs refoulées

personne obnubilée

jeu de quilles

Une fois j'ai vu un homme qui s'était pendu. Pour moins que sa vie. Il avait échappé à quelque chose qu'il ne pouvait plus. Défaire :

si une voix murmure

est-ce ainsi que je me retrouve

protégée

la nuit le jour

un appel à soi qui ne trébucherait pas

dans le vaste vide

le réconfort me mène

plus souvent qu'autrement

chez les animaux plus directs

et moins

masqués

j'en profite pour me dévoiler

devant ce que je ne

soupçonne pas

parfum musqué

Je ne suis pas de celles qui quêtent le rachat. À tout prix. Mais sourire est beau comme un bleu ciel est. Joli :

et aujourd'hui

cela s'infiltre en moi

comme de la neige qui fond extenuée

sur la saleté urbaine

aujourd'hui ne sera pas chemin

perdu

laissez-moi me cajoler

comme monsieur et madame

cardinal tout près

et que mes déceptions succombent

au moins

un instant

et que ma vue des arbres

soit

désentravée

et encore –

III. LES IMPATIENTS

Michèle Vinet @ Les Impatients

La voix et la stupeur

> « Guérir parfois, soulager souvent,
> écouter toujours. »
>
> (Louis Pasteur)

Devant tous les regards-questions, chercher le débit rigoureux, la précision du ton, la couleur de la syntaxe. Défier la timidité. Asservir les vieux démons, contents de battre la chamade, de grignoter l'assurance, de confisquer l'espace vital pour en faire un étau d'acier. Pourfendre l'ergotage à l'épée et au glaive. L'acculer à l'indicible.

Saisir le jour par les épaules. S'en faire un compagnon indéfectible. S'appuyer sur son tendre front pour se dire, se raconter, pour panacher le temps d'imaginaire, d'absolu et de manigances maboules.

Accéder à l'odyssée, se dépasser, accueillir la parole puisée dans l'illusion et l'onirisme, déclenchée par l'enchantement, tapie dans le sang, camouflée dans le bleu, dans le brun des yeux.

Savourer sa mélodie personnelle. Entendre la complainte de la muse habillée de soies et de dentelles. Lui permettre de se pavaner, somptueuse, dans le vocabulaire. Offrir un bonheur tout bambino et cristallin aux auditeurs qui se veulent miraculés de poésie, guéris à tout jamais du mal de vivre, de la rouge souffrance d'une philosophie moderne tout écorchée.

Se tenir droit devant le doute. Lui opposer une monolithe certitude, un blanc courage hérissé de mots délices et euphorie, affolés mais heureux au bord du précipice sémantique.

Silence ! La voix et la stupeur arrivent, endimanchées et parées de leurs colliers, toutes plumes tremblotantes, nimbées de rosée et d'arcs-en-ciel, légères de musique-majesté envoûtant les esprits malcontents, les cœurs embourbés de réel, de quotidien, de grisaille existentielle.

Consolation claires-clochettes, baume de rémission sur l'espoir pour enhardir ses boutons d'ailes-colombes, pour l'inspirer devant les enjeux toxiques du monde, ses enfants-misère, ses clochards, ses fous, ses richissimes.

Les murs fondent soudain. Le plafond s'en va capuchonner d'autres destinées. Le firmament coule sur les épaules des invités, les caresse de sa mauve miséricorde. Le temps s'en est allé faire ses calculs et sa géométrie de millénaire. Ne restent que des éclats d'amour déguisés en métaphores.

TRÈS TÔT LE MATIN
par Gisèle

Petit chalet dans une ferme abandonnée

Une famille en hiver

Prépare ses affaires

Les enfants aident

Ils travaillent ensemble

Le chien aboie

Le cheval attend

Il hume les érables

L'eau fraîche et les pins

Tranquillité

Intimité

Ambiance

Paix sérénité

MAISON FLEURIE
par Spino

Silence et secrets

Après quatre heures

Liquide brun

Chaud chocolat

Pêches et peau

Aux doigts

Atténués

Terrés éteints

Éclatants fleurissants

Une ombre cherche

L'accès

PHALLUS DRESSÉ
par Lee

Vers ciel rayé

Sur terre rocheuse

Sous lumière

Paisible et moelleuse

Un cri perçant

L'azur percé

Cri rugueux

Aride comme saveur

Morte au combat

Étouffant un spasme

La mélancolie

Immobile éternelle

Triste et nue

Comme une naissance manquée

S'arrimant au sens

Et à terme de rien

MÉTAPHORES

Les étoiles sont des trous dans le ciel.

L'amitié est un médicament.

Un livre est une vie, une mort.

— Siou

L'amitié est une offrande.

Chaque jour est une prière.

Les vagues sont des larmes.

— Spino

Les étoiles sont des pépites.

Chaque jour est un trésor.

Les vagues sont des nuages.

– Hanem

La Terre est un jardin.

Chaque jour est un fardeau.

Cette personne est un bijou.

– Puncho Boy

La Terre est la nourrice de l'humanité.

Mon jardin est un cœur qui s'ouvre.

L'amitié est une perle à cultiver.

– Yacinta

Une forêt est une porte ouverte.

Les enfants sont des diamants.

Un livre est un esprit.

– Gisèle

Les enfants sont une folie

Cette personne est une vipère.

Les vagues sont une caresse.

– Migicontée

La Terre est un paradis perdu par les hommes.

Mon jardin est un secret bien gardé.

L'amitié est un placement à terme.

– Lee

3
(Création collective)

La parole cassée

Résonne

En tintamarre

En orchestre

Mal accordé

Et joue un faux air

De crécelle enrouée

Crescendo

Malheureux

De sons éparpillés

BROUILLARD
par Migicontée

Effervescent

De mon cœur effaré

Qui me cherche noise

En s'égarant toujours

À quelques bouts ou autre

Qu'importe

On ne retrouvera jamais

Qu'une esquisse trépidante

Haletante

Et l'impatience de renaître

AU BOUT
par Hanem

Au bout de ma vie

Au bout du chemin

J'attends, j'attends

L'homme de ma vie

Qui ne viendra pas

Au bout de ma vie

S'étire un infini tourment

Qui disloque les carreaux

De mon âme

J'attends, j'attends

Une fissure du firmament

La foudre d'une parole

L'homme et le miracle

J'attends, j'attends

Comme on étire le temps

La cicatrice vive
Brille en ce moment

Décompte jours, mois, années
Mince filet espace temps
Chagrins, fleurs effleurent
La plaie toujours présente
J'aurai attendu toute ma vie

CLAIRS DE LUNE
par Lee

Solitaire, tu voyages au quasar des brumes
Amourachée d'espaces et couché sur velours
Pendant que je charrie mon spasme sous la lune
Et qu'aux effluves marins je largue nos amours

Mon âme rebondit sous les cyprès noirs
De denses forêts animées par des elfes
Que tu as initiés aux lueurs du soir
À nous enguirlander de bouquets d'immortelles

Les quiproquos sensés que je nous chante au pair
N'arrivent plus à soutenir nos cadences intimes
À suivre ce rythme fou, j'ai aspiré ton air
Et aujourd'hui, je croule sous l'or de nos abîmes

PAYSAGE D'ÂME
par Yacinta

Entre chien et loup, une femme emmitouflée dans son manteau se dirige vers une maison vert clair, au rythme d'un tambour.

Tout sent le mystère et la gravité. L'air frais a un goût de sel et une odeur d'épinette. La Terre est d'un bleu d'acier en l'absence de la Lune.

En haut, sur la colline, se découpent la silhouette d'un totem et celle d'une femme, tous deux sculptés dans le bois rendu lisse par la main de l'artiste. Les arbres et la végétation les entourent de leur vert foncé de velours.

Scène enveloppante et intrigante où respire le respect des ancêtres et des rituels amérindiens. Dans l'intimité familiale se cache un secret depuis des décennies déjà.

LÀ-BAS L'ENFANT
par Siou

Là-bas l'enfant

A glissé sur la côte

A déchiré

Son pantalon

Il n'ose retourner

À la maison

De peur qu'on l'accuse

Mais non

Je n'ai pas déchiré

Mon pantalon

S'écrie-t-il

La côte

En est la cause

Là-bas l'enfant

S'assoit

Sur son malheur

Pour étouffer

Le souvenir

D'une déchirure

Étirée

Jusqu'à la pointe du cœur

Sylvie Frigon @ Les Impatients
avec Valérie Descroisselles-Savoie

L'EUPHORIE A LE GOÛT DES LARMES
Sylvie Frigon, 4 mai 2012

Des mots en cavale

En rafales.

De ma main gauche, j'étale mes secrets

De ma main droie, je livre ma délicieuse folie

Berceuse. Rieuse.

Ces albatros en fuite

battent le ciel gris

battent le ciel alourdi

Cherchant

toujours

l'arc-en-ciel

Inlassables.

Merci d'avoir partagé avec moi votre univers.

Merci pour votre humanité et votre inspiration.

Cadavres exquis

[...] je me suis retrouvée à marcher et marcher le long de la mer et à ramasser des cailloux de chair qui remplissaient mes cauchemars qui revenaient sans cesse au point de départ. Les départs sont toujours difficiles, même si nous sommes en avance sur l'heure de la rencontre [...]

J'aimerais que tu m'aimes un peu beaucoup à la folie douce... [...] Je t'aime comme une colombe au vent du Nord qui circule vers le Sud, vers le Nord, en avant, en arrière, en haut, au-dessus [...] Je tremble d'émotions. *I'm happy* de te revoir, depuis le temps que je suis seule.

Je trouve que le soleil se cache souvent ces jours-ci. [...] Enfin un nouveau jour se lève. Le soleil me réchauffe de ses rayons. Le soleil éclairait la prairie, et brûlait les champs. Le vent s'éleva sur ton visage noir de suie. [...] Allez, tourne, tourne et tourne avec le vent qui m'échevelle. Des cheveux en bataille. Tu chatouilles mon visage. [...] Bien sûr, je pense même à nous deux sur la plage, une belle plage verte et bleue, douce et froide, paisible et magique. Enfin, j'y suis! [...] Dehors, il fait froid. C'est l'hiver et ça tombe sur les nerfs je n'aime pas l'hiver, moi non plus. S'il y a une saison, c'est celle de l'amour, des oiseaux, des cigales. J'adore cette euphorie. Cette euphorie a le goût des larmes que je ne peux cacher à cause du monde entier, je n'suis plus du monde, je suis convaincue que la longueur de ma vie n'est déchiffrable que par Dieu.

[...] de se sucrer le bec avec le maximum de petits gâteaux [...], je sais plus où aller. Qui suis-je? [...] Consommer du bon vin rouge, c'est bon pour le cœur. Alors que manger et que boire? Seul. [...] Dahlia voulait manger sa collation. Mais la souris a mangé... plus qu'il ne le fallait. [...] Comment faire: mélanger deux tasses de farine et une tasse de lait, une cuiller à thé de vanille fait mon bonheur et celui des autres, pourquoi pas?

ROUGE

par Siou

Il était un gros clown débile qui filait du mauvais coton. Ce qui suit se passe à une époque pas si lointaine que ça, à un moment où les clowns avaient encore le droit de porter leur gros nez rouge flash.

Le genre d'année suspendue dans les airs entre deux mondes. Deux mondes divisés très franchement par une de ces cordes raides, cordes à linge bien tendues, tirées à l'infini.

Les épingles à linge aux oreilles, bien accrochées, le rigolo essayait de relaxer bien étendu au soleil.

Cette position avait pour but de lui garder les oreilles drettes à l'affût du moindre changement climatique, et ainsi de l'aider à développer davantage le fameux moment présent, au cas, au cas où les oreilles décolleraient, où la corde lâcherait sans crier gare! Et hop! on se retrouve à terre dans le plus bas, sur l'cul. À nouveau on peut bien te ramasser à terre, en miettes, et te remettre sèchement dans les airs entre deux mondes.

Suspendu à la Grande corde à linge, *nowhere*! à me laisser sécher comme un vieux linge.

Sèche, sèche, sèche dans ton coin tout seul, mon cœur se dessèche...

Ma tête tombe dans la dèche

Mes rêves suspendus à ton cou

Sauve-moi

Allume-moi des chandelles pour un tête-à-tête où sans cesse tu me chuchoteras ces mots si difficiles à prononcer. Ces «Je t'aime» qui me tiendront désormais suspendu à tes lèvres à nous transmettre le meilleur des deux mondes.

Notez bien: J'irais même jusqu'à me rebaptiser «Rouge» pour me coller définitivement à tes lèvres.

CONTE RENOUVELABLE : IL ÉTAIT UNE FOIS SEPT
par Lee

Il était une fois sept pour un mathématicien dont les savants calculs avaient peine à balancer, en regard des livres comptables de ses rêves incommensurables.

Pourtant, cet homme numérique avait toujours excellé dans l'interprétation des entrées et sorties inscrites au chiffrier d'un programme informatique qu'il avait mis sur pied exprès pour diviser les experts en comptabilité.

Multipliant ses erreurs de calcul à l'excès, ce malheureux compteur qeiser n'avait jamais réussi à pouvoir contenter ses contes :

– contes en souffrance

– contes en abime

– contes à une piastre

Achetés à rabais et payés avec une carte de crédit dérobée au futur d'une génération : celle des contes recevables enlevés directement des mains de ces jeunes pubères belles à croquer et dont les caresses s'enregistrent aisément aux comptes payables de ce calculateur précoce.

Il était une fois sept viols de conscience par jour, perpétrés entre matines et comptines ; question de ponctuer d'accents toniques les pulsations exigeantes de ce comptable agréé, qui point ne se gênait d'exercer ses lucratives activités devant l'auditoire assemblé sur le Web !

De quoi couvrir de honte et de calculs biliaires sa pauvre famille – surtout sa mère nature – car Dieu sait, ô combien la rage étrangle parfois les fonctions hépatiques du gros nerf historique !

Surtout chez certaines familles conçues exprès pour enterrer les vérités ancestrales au pied d'un arbre généalogique déraciné.

Il était une fois sept démons qui, un jour, sans prévenir, débarquèrent dans le registre des parts sociales de notre trésorier uniquement dans le but d'en vérifier l'équité.

Ces diables au vert ont donc effectué une visite informelle suivie d'une journée portes ouvertes dans le coffre-fort de cet homme délesté du meilleur de lui-même. Cependant, ces voleurs à la tire furent fort déçus de ne découvrir dans le précieux coffre que le néant d'une vie plate.

Il était une fois sept plaies d'Égypte qui, elles aussi, s'abattirent sur le flanc de notre financier qui, en fait, penchait trop à droite pour se tenir debout.

Et l'enfer de notre homme de chiffres fut si vif et si cuisant qu'il dut faire appel à une femme de lettres pour lui apprendre des mots pieux.

Pour ce faire, la dame traça, dans la chair rouge de l'homme libéral, à l'aide d'un scalpel, des mots incisifs et brûlants. Il ne faudra donc pas s'étonner de lire sur son bras d'honneur ces mots tracés au fer rouge : pédophilie, honte, écran, peur, souffrance, mère, et leurs dérivés intimes...

Aujourd'hui 1 X 7 ans plus tard... dans le *set-up* des septantes années plurielles, notre indice boursier erre toujours au pays des pythagores sans nom, une calculatrice en moins, mais toujours sans aucune référence pour dénombrer son erreur de calcul, laquelle s'additionne d'année en année, à force de se multiplier à l'infini...

Il était une fois

Une fois 7 = 7

Deux fois 7 = 14

Trois fois 7 = 21

Et ainsi de suite...

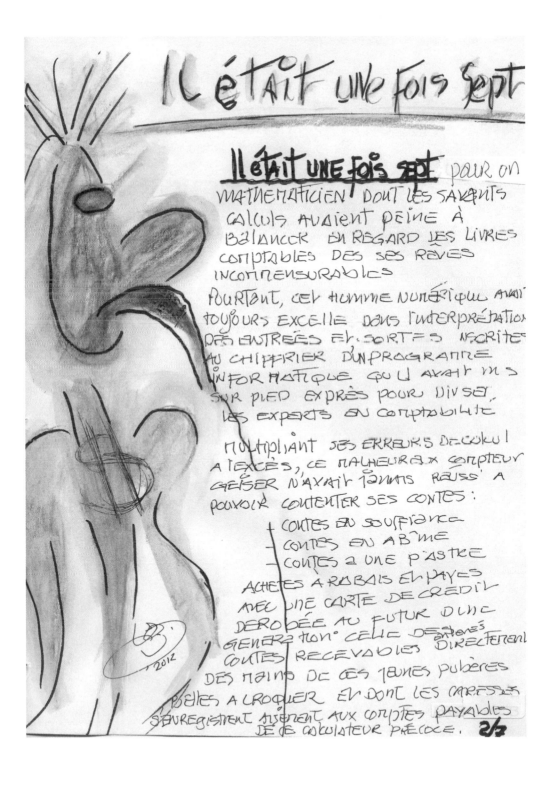

Il était une fois sept

Il était une fois sept pour on
MATHÉMATICIEN DONT LES SAVANTS
CALCULS AVAIENT PEINE À
BALANCER EN REGARD LES LIVRES
COMPTABLES DES SES RÊVES
INCOMMENSURABLES

POURTANT, CET HOMME NUMÉRIQUE AVAIT
TOUJOURS EXCELLÉ DANS L'INTERPRÉTATION
DES ENTRÉES ET SORTIES INSCRITES
AU CHIFFRIER D'UN PROGRAMME
INFORMATIQUE QU'IL AVAIT MIS
SUR PIED EXPRÈS POUR DIVISER
LES EXPERTS EN COMPTABILITÉ

MULTIPLIANT SES ERREURS DE CALCUL
À L'EXCÈS, CE MALHEUREUX COMPTEUR
GEISER N'AVAIT JAMAIS RÉUSSI À
POUVOIR CONTENTER SES CONTES :

- CONTES EN SOUFFRANCE
- CONTES EN ABÎME
- CONTES À UNE PIASTRE

ACHETÉS À RABAIS ET PAYÉS
AVEC UNE CARTE DE CRÉDIT
DÉROBÉE AU FUTUR D'UNE
GÉNÉRATION° CELLE DES JEUNES
CONTES RECEVABLES DIRECTEMENT
DES MAINS DE CES JEUNES PUBÈRES
BELLES À CROQUER ET DONT LES CARESSES
S'ENREGISTRENT AISÉMENT AUX COMPTES PAYABLES
DE CE CALCULATEUR PRÉCOCE. **2/7**

2012

iL éTAiT UNE FoiS 9EPT

IL éTaiT UNE FoiS 9EPT ViôS
~~DELONSCiENCE~~ PAR JOUR, ENTRE MATiNES
ET COMPTiNES; QUESTiON DE
PONCTUER D'ACCENTS TONiQUES
LES PULSATiONS EXiGEANTES
DE CE COMPTABLE AGRÉÉ, QUi
POiNT NE SE GÊNAiT D'EXERCER
SES LUCRATiVES ACTiVITÉS DEVANT
L'AUDiTOiRE ASSEMBLÉ SUR LE WEB.

DE QUOi COUVRIR DE HONTE ET
DE CALCULS BILIAIRES SA PAUVRE
FAMILLE - SURTOUT SA MÈRE NATURE-
CAR DiEU SAIT, ô COMBIEN LA RAGE
ÉTRANGLE PARFOiS LES FONCTiONS
HÉPATiQUES, DU GROS NERFS
HiSTORIQUE !
SURTOUT CHEZ CERTAiNES FAMiLLES
CONÇUES EXPRÈS POUR ENTERRER
LES VÉRiTÉS ANCESTRALES AU PiED
D'UN ARBRE GÉNÉALOGiQUE DÉRACiNÉ...

3/7

IL était une fois sep

IL était une fois 7 DÉMONS, qui, un jour sans prévenir DÉBARQUÈRENT dans le REGISTRE DES PARTS SOCIALE DE NOTRE TRÉSORIER uniquement dans le but d'en vérifier l'équité.

CES DIABLES AU VERT ONT DONC EFECTUÉ une visite informelle SUIVIE D'UNE tournée PORTES OUVERTES dans le coffre fort de cet homme délesté du meilleur de lui même.

CEPENDANT, ces voleurs à la tire furent fort déçus de ne découvrir dans le précieux coffre que le néant d'une vie plate.

4/7

Les Douïdoux
par Marilyn

Il était une fois dans ma tête tout un monde de «petites gens» qui parfois faisaient des rondes et dansaient pendant des jours et des nuits.

Ces petites gens que l'on appelait les Douïdoux faisaient le bonheur de mon cerveau, ils me rendaient heureuse tous les jours par leurs chants et leurs danses. J'ai vécu des années d'enfance dans la joie et l'allégresse que me procuraient les Douïdoux.

Un jour alors que mes parents connurent une grosse chicane, les Douïdoux s'envolèrent de mon cerveau. Ils ont eu peur de la querelle.

À partir de ce moment je pleurais tous les jours et je ne voulais dire à personne pourquoi je pleurais. De toute façon personne ne m'aurait crue.

Un beau matin, je me suis décidée à aller prendre une marche sur la petite montagne à Bidou, un fermier bien connu dans le village pour son amabilité et sa sagesse.

Je marchais tête basse en me disant que les Douïdoux ne feraient plus jamais partie de mon quotidien.

Soudain j'entendis un cri sourd, je courus à toutes jambes pour voir ce qui se passait plus loin sur la montagne. M. Bidou s'était entaillé le bas de la jambe droite avec sa hache en voulant couper des arbres morts.

Il me dit: «Va avertir ton père qu'il vienne à mon secours» Je suis partie à belles jambes pour avertir mon père, qui avait une formation de secouriste.

Vivement papa et moi sommes retournés à la petite montagne. En arrivant sur le site, M. Bidou avait la jambe en l'air et une bande de Douïdoux dansaient autour de lui.

Papa lui banda la jambe et les Douïdoux ont repris leur place dans ma tête.

M. Bidou était un descendant des Douïdoux. Depuis le bonheur règne dans ma tête.

2012-04-26

Les Douïdoux

Il était une fois dans ma tête tout
un monde de "Petites gens" qui ~~parfois
faisaient des rondes~~ et dansaient ~~dans
ma tête~~ pendant des jours et des Nuits.

Ces petites gens que l'on appelait les
Douïdoux faisaient le bonheur de mon
cerveau, ils, me rendaient Heureuse tous les
jours par leurs chants et leurs danses.

J'ai vécu des années d'enfance dans
la joie et l'allégresse que me procuraient
les Douïdoux.

Un jour alors que mes parents connurent
une grosse chicane, les Douïdoux s'enve-
lèvent de mon cerveau. Ils ont eu peur
de la ~~chicane~~ querelle.

À partir de ce moment je pleurais
tous les jours et je ne voulais pas,
dire à personne pourquoi je pleurais.
De toute façon personne ne m'aurait cru.

Un beau matin, je me suis décidée à
aller prendre une marche sur la
petite montagne à Bidou, un fermier
bien connu dans le village pour son
amabilité et sa sagesse.

Je marchais tête basse en me disant
que les Douïdoux ne feraient plus jamais
partie de mon quotidien

Soudain j'entendis un cri sourd, je courus à toutes jambes pour voir ce qui se passait plus loin sur la montagne. M. Bidou s'était entaillé le bas de la jambe droite avec sa hache en voulant couper des arbres morts.

Il me dit : " va avertir ton père qu'il vienne à mon secours et tes douïdoux reviendront dans ta tête

Je suis partie à belles jambes pour avertir mon père qui avait une formation de secouriste.

Vivement papa et moi sommes retournés à la petite montagne. En arrivant sur le site, M. Bidou avait la jambe en l'air et une bande de Douïdoux dansaient autour de lui.

Papa lui banda la jambe et les Douïdoux ont repris leurs places dans ma tête

M. Bidou était un descendant des Douïdoux,

Depuis le bonheur règne dans ma tête.

LA JAQUETTE PAS DE POCHES

par Ghislaine

Voilà l'univers dans lequel vous emmène la souffrance intérieure : l'hôpital, milieu tellement aseptisé que les bactéries vous agressent avec la même rigueur que les bibittes qui se multiplient dans la tête des patients quand les psychiatres les lobotomisent.

Lundi, première entrevue avec un psychiatre, premier diagnostic : vous êtes toxicomane. Mardi, deuxième psychiatre, je suis systémique. Mercredi, nouvelle rencontre, nouvelle figure. Celui-ci là est plus évasif : cas difficile à diagnostiquer. Il laissera donc la tâche à son confrère du jeudi, qui en arrive à la conclusion que je consomme trop de médicaments. Tiens, je ne savais pas, vous me l'apprenez docteuuuuur ! Alors que pouvez-vous faire pour m'aider ? Rien. Au revoir et merci, nous avons besoin de votre lit, allez hop, cascade !

Vous avez découvert qu'en plus de ma pharmacodépendance j'étais une malade absolument irrécupérable, parce qu'en fait, je suis un être abject, je fume la cigarette. Quel crime crapuleux contre la société ! Il me faudra l'assistance d'un avocat à savoir si je plaide coupable ou non coupable d'avoir déjoué la surveillance du préposé en jouissant d'une sixième opportunité, non accordée, d'aller fumer. « Madame la folle, avez vous oui ou non déjoué la surveillance de votre geôlier en quittant votre chambre six fois plutôt que cinq, comme le permet le règlement selon l'article 3235789 qui régit le département des fous, en allant fumer ladite sixième clope à laquelle vous n'aviez pas droit ? » « Mais Votre Honneur, c'est le monsieur dont vous parlez qui doit avoir deux pouces à la main qu'il utilise pour compter (et ramasser les cabarets en échappant toujours les couverts), car je me rappelle avoir porté attention à ce que ma jaquette soit fermée bien hermétiquement que cinq fois avant de prendre l'ascenseur aussi cinq fois. C'est comme la fois où ce monsieur cherchait une petite fourchette de plastique en faisant le décompte dans les quarante-deux cabarets. On ne l'a jamais retrouvée, cette fichue fourchette disparue où ? Allez savoir. C'est vachement plate, car tous les quarante-deux fous ont dû se résigner à se nourrir avec leurs doigts pendant deux jours. Oh ! Pardon, Votre Honneur, je sais que ceci est hors sujet. Mais les médicaments, des fois... ça fait divaguer un peu. Ah non, vous ne savez pas ? C'est vrai. Je m'excuse, Votre Honneur. Oui, Votre Honneur, sinon je n'aurai plus jamais droit d'aller fumer même si ça me rend encore plus dingue vu que d'habitude, ben j'en fume un gros paquet par jour. D'accord, d'accord, je me tais. » N'empêche que j'aurais bien aimé continuer à discuter du cas de la petite fourchette en lui exprimant que le seul endroit pour la dissimuler serait sous notre jaquette bleue. Tandis qu'un sarrau, ça a bien toujours deux poches. Mais là, ce petit sarcasme m'aurait peut-être valu un court séjour en salle d'isolement et là, ben, c'est sûr que les deux mains attachées c'est assez dur de tenir sa cigarette. À moins de demander au préposé à deux pouces de le faire pour moi. Mais vu qu'il a écopé d'un quart supplémentaire à son horaire de travail (façon détournée de combler le manque de personnel), je ne crois pas qu'il aurait été très coopératif. Et pour clore le dossier, si un jour je le revois, évidemment quand je ne serai plus folle et sans danger qu'on me réinterne, je lui avouerai que, oui, j'avais bien enfreint le règlement selon l'article 3235789 du Code criminel du département des fous. Moi, je n'oublierai pas la fois que je lui ai demandé un Kleenex. Je pleurais à chaudes larmes et je n'avais rien pour m'essuyer les yeux. Je l'ai déjà dit que les jaquettes bleues ça ne vient pas avec des poches cousues après. Il avait juste à ne pas menacer de m'envoyer en salle d'isolation si je n'arrêtais pas de chialer, juste parce que Monsieur était trop lâche pour se donner la peine de marcher jusqu'au poste pour remplacer la boîte vide. Ça veut dire qu'il y en a d'autres qui avaient, eux, la permission de se moucher avant moi si la boîte était vide. Pis même pas le cœur de la jeter à la poubelle, la boîte. Allez savoir, il aurait peut-être fait d'une pierre deux coups si jamais il avait trouvé la petite fourchette dans les poubelles. Monsieur était fatigué, Monsieur faisait un vingt-quatre heures.

JE ME SUIS REGARDÉ DANS LE MIROIR ET J'AI VU...

par Félix

le dessin d'une peinture

d'un portrait d'une

personne en décrépitude

d'un homme en psychose

d'un homme qui devrait

prendre une pause

d'un homme qui est en

train de faire une cirrhose

du foie mauve rose jaune

et d'un bonhomme-bombone

qui joue de la musique

engagée pour la cause

d'une dose de sainteté

autre que la mie de pain

croûte en devenir

pour combler un vide

intérieur

de l'eau pour étancher

ma soif blessure d'une

guerre pour la paix

d'une volonté de rabais

intéressée à un jouet

parce que je redeviens un enfant qui cherche

à retrouver son enfance

à recommencer à jouer

avec ses jouets étanches

comme des saveurs de la

joie que je veux garder

pour toujours comme

labeur avec moins d'horreurs

de la guerre-peur

traumatisante à toute heure

terreur toute-à-l'heure

comme j'ai déjà dit

tout ça a de la valeur

comme si c'était un leurre

d'avoir des mœurs comme

valeurs et des niaiseries

des conneries comme chaleurs

avec des signes de

décrochage et de sœurs

DANS LE MIROIR
par Lee

13 avril 2012

Je me suis regardée dans un miroir

Et j'ai vu

Mère-Grand qui me regardait

L'œil mauvais

Plein de reproches

Cœur sec et tête folle

L'amertume écumante

De son âme enflammée

Qui broyait son esprit

Sous des pinces sans rire

Qui me faisaient pleurer

Sur mon avenir tronqué

Je me suis regardée dans un miroir

Et j'ai vu

Tous les jours – imprimé –

Le geste de ma mère

Imprimé dans mon être

Le geste du refus

La main qui tient le cintre

Le cintre dans la fente

Le viol de l'espace utérin

L'effroi devant la condamnation à mort

Qu'a prononcée contre moi

Madame La Juge, ma mère

Et, depuis ce jour

J'ai peur de vivre

D'avoir le droit de vivre

Je me suis regardée dans le miroir

Et j'ai vu

De grands champs d'herbes folles

Où je m'évadais

Pour échapper

Aux myrtilles affolées

D'une matrone déjantée

Herbes grâces

Engendrées de rires

Dans un monde imaginaire

Telles des échappatoires en délire

Et en pensées décousues

Je me suis regardée dans le miroir

Et j'ai vu

Une fille égarée de foyer en foyer

Et traversée rageusement

Par une adolescence fulgurante

Et une jeunesse bordélique

Une jeunesse menée

Tambour battant

Contre la marginalisation

La stigmatisation, le rejet

Le profilage social et les préjugés

Je me suis regardée dans un miroir

Et j'ai vu

Les choix litigieux d'une âme chagrin

Choix inacceptables

Socialement déviants

Mais nécessaires

Pour me sortir de l'enfer

De l'Apartheid convenu

Par une société conformiste

Danse érotique et combines

Larcins et alcoolisme

Comme autant de délits de fuite...

Je me suis regardée dans un miroir

Et j'ai vu

Des milliers de femmes

Enfiévrées et suspendues

Aux branches d'arbres généalogiques

Porteurs de fruits empoisonnés

Mais qui refusent

De creuser jusqu'aux racines

Pour découvrir la semence qui les a engendrés

Je me suis regardée dans un miroir

Et j'ai vu

Des luttes menées à chaud

Des luttes vitales, impérieuses

Réintégration

Rétrospection

Réappropriation

Parfois des résultats venteux

Précarité

Stress

Isolement

Mais aussi des résultats tangibles

Affirmation de soi

Estime de son pouvoir

Espoir et Foi

Je me suis regardée dans un miroir

Et j'ai vu

Que ma vitalité féroce

A fini par porter fruit

Ces fruits mûrs

Tombés enfin de l'arbre que je suis devenue

Ces beaux fruits juteux

Portent des semences

Des grains désormais plantés

En terre promise

Je me suis regardée dans un miroir

Et j'ai vu

Ce matin, encore, un champ de mines

Dévasté par l'Horreur

Mais au milieu duquel

Croît un grand arbre

Dont les majestueuses branches

Recouvrent d'ombre

Mes espoirs et mes rêves

Les protégeant des rayons

Trop ardents

De ce soleil doux

Désormais

Qui parfois

Brûle tout.

L'ENTRE SOI / ENTRE NOUS. À MA FILLE IMAGINAIRE...
par Magali

À ma fille imaginaire, pour toi mon enfant chérie de qui je ne verrai jamais le petit visage, que je ne verrai jamais grandir, à toi que j'aurais tellement voulu porter en moi, en ce ventre que j'aurais voulu rond comme un ballon. Mon plus grand, grand chagrin, ma plus grosse, grosse peine d'amour... que de larmes versées pour toi qui n'existes pas... Et pourtant, j'ai tant imaginé ta présence, ta beauté, ton sourire, ton amour. L'amour de ma vie, quoi! J'accepte difficilement de perdre ce ventre si rond, ton refuge, ton espace. J'ai fait ce lien depuis longtemps, ce secret si bien gardé, car la folie de cet état aurait pu être jugée par les gens... ces gens qui n'auraient pas eu la sensibilité de comprendre mon geste, mon état de fausse maman... n'empêche pas la vraie maman dans mon cœur, dans mon âme. Je dois te dire adieu, mon enfant, mon amour. Pour me libérer de ce gros ventre, de ces larmes, de ma douleur. Chère enfant, je te porterai à l'avenir dans mon cœur... et je t'aimerai à l'infini... J'ai au moins ton portrait afin de me soulager...

Ta maman imaginaire

LETTRE PERDUE D'AVANCE
par Siou

Je vous écris

et je poste votre lettre

au fond de mon tiroir

Lettre perdue d'avance

J'ai un amour si grand

par en dedans

qui s'acharne à trouver le bon moment

et tout droit passe le temps

où je serai votre amant

Peu importe la romance

vous existez par simple croyance

défilant avec nonchalance

sur une brise qui vous balance

un air d'insouciance

et hop!

touche à tous mes sens

sens dessus dessous

Et tout droit passe le temps

Où je serai votre amant

Sans aucune offense

Je rêverai à votre cadence

Quelques spasmes s'élancent

Tic-tac tout en nuance

Un cœur de faïence

Lettre perdue d'avance

N'y aura-t-il jamais de danse possible

autre que sur un nuage immense

en provenance

de Venise ou Florence

Lettre perdue d'avance

Petite écriture en défaillance

où je vous lance... comme ça, une poignée de rimes en «ance»

comme de petites poignées d'amour...

... disgracieuses mais combien vraies et sincères

TÊTE BLEUE COOL
par Marilyn

Tête bleue Cool

Seize ans cheveux au vent

Ti-corps d'enfant sur une patte

Idées folles brise légère

Elle change elle danse
Les neurones remplies à bloc
Tête bleue Cool
En amour d'un premier amour
Règne de longs baisers
Caresses à perdre haleine
High d'ivresses éléphantesques
Tête bleue Cool
Arrive au bistro Roc
Essoufflée de sa course folle
Rencontre un deuxième amour
Son cœur n'est que tambour
Tête bleue Cool
Ne va plus au collège
Elle n'a plus le temps
Ne lit que les poètes
Verlaine Rimbaud et Nelligan
Tête bleue Cool
Ne dort plus
Cerveau comme tignasse
Emmêlée dans le vent
Un signal siffle
Tête bleue Cool
Se retrouve à l'hôpital
Tête bleue Cool
Se retrouve à l'hôpital

BLAGUE

par Lee

Je me cherche à travers la chronique nécrologique. Incertaine de vivre je me demande souvent si je n'aurais pas raté mon avis de décès et si je ne serais pas morte sans le savoir.

IV. LA RUE DES FEMMES

Sylvie Frigon @ La rue des Femmes

Mon miroir et moi
par Jackie

C'est à pas de tortue que je m'avance devant le miroir...

Que vois-je! Qui vois-je!

Jackie... une femme aux yeux bleus... et aux cheveux blancs... Elle est triste et mélancolique en voyant toutes ces petites taches brunes annonçant le vieillissement. Wow

Confrontée à ma réalité de vie, je continue de la regarder... et je lui dis: «Mon Dieu Jackie, comme tu as l'air nue sans maquillage...» Curieuse comme je suis, je continue encore de regarder, et je dis à Jackie: «C'que tu es songeuse et indécise! Qu'est-ce qui se passe avec toi? Je ne te reconnais pas...» Jackie: «Oh, ne t'inquiète pas, je suis tout simplement épuisée et fatiguée... ça va s'passer!»

«Ça se pourrait-tu que tu sois au bout de ton rouleau?» dis-je, la regardant les yeux baignant dans l'eau...

Je m'inquiète, je m'inquiète... Jackie! Oh, je crois que tu ne sais pas reconnaître tes limites! Je vois une femme qui ressemble à une bombe à retardement qui va finir, va exploser... et ce n'est pas bon signe!

«Est-ce que ça s'pourrait que tu aies peur du changement et même de l'inconnu, Jackie?»

«Ça s'pourrait», répondis-je.

«Mais pourtant tu m'as déjà dit que tu étais blasée du déjà-vu, Jackie!»

Ah!... toi! toi, miroir, je ne peux rien te cacher! Mais je te remercie de me faire voir ma réalité!

Jackie

Bisous xxx

AUTOPORTRAIT
par Carlie

Quand j'ai fait l'exercice, je me suis rendu compte que si nos maladies étaient du linge, on pourrait facilement s'habiller avec nos maladies.

1- Pour raison de confort – jaune

Il n'y avait pas grand-chose de confort sur mon corps, à part mon sourire, et mon cerveau.

2- Pour raison d'inconfort – vert

Les jambes – muscles. J'ai mis la couleur vert, parce que quand le mal s'arrête là, c'est comme une lumière de circulation: le mal reste longtemps.

3- Pour raison de tension aiguë – noir

Pour les poumons, la respiration, la haute pression. J'ai mis la couleur noir. Parce que quand mes crises arrivent et que j'ai l'impression que je vais mourir, à toutes les fois, à ce moment-là, je vois très noir. Mais quand je reviens à la normale, je suis très heureuse d'avoir vu seulement le trou noir.

4- Pour raison de maladie – rouge

Le cœur, parce que le cœur est rouge, et quand il étouffe il devient rouge, parce qu'il a peur.

Qu'and j'ai fait l'excessie, Je me
suis rendu conte, qui se nos maladié
seras du linge, qu'and pourrais facilement
s'habillier avec mos maladi'.

1- four la sont de confort → Jeune
il avai pas grand chose sur la sont
de confor', sur mon cort a par de mon
sourire, et mon cerveau.

2- four la sont inconfor → Vert
Les jambre - muscle.
j'ai misse la couleur Vert,
parco que qu'and le mal, s'arrette là,
c'est comme une lumier d' se scoulaleu
le mal reste longtemf.

3- four la sont Tension égut. → Noir
four les pournant, Rispiration, haute Pression.
j'ai mise la couleur nar.
parco-que qu'and mais grise arrsl.
et que j'ai l'empression que je vais mourrus
a Toute les fois. a se moment la je Vois
Tris-noir. Mais qu'and je revient a la
normale, je Suis tris heureuse d'avoir Vuu
seulement le Trous-noir.

4- four la sont maladi → Rouge
le coeur,
parco-que le coeur è Rouge, et qu'and
il étouffs il devien Rouge, parco-que
il a peur,

                    CARLI — CAROLINE.

225

COMME L'ARBRE
par Milana

Tout comme l'arbre
Je me nourris de lumière et de chaleur.
Cependant, ma nature profonde
m'attire inorexablement
vers le soleil central
car, avant tout, je suis fille de l'univers.
Et pourtant...

Tout comme l'arbre
Je sais me redresser
Même si j'ai appris à m'incliner
Pour écouter le murmure du vent
Dans ma parure échevelée.
Hélas! Il m'a fallu me dépouiller
afin d'être en mesure de me relever
Altière et droite comme l'if
Car j'ai la fierté de mes racines ancestrales.
Et pourtant...

Tout comme l'arbre
Je subis les assauts du temps
Ployant sous le joug de Dame Nature
Quand s'annoncent les mauvais jours.
C'est pourquoi je me dois, bien malgré moi,
De vivre avec les soubresauts des intempéries.

Alors, à quoi bon les maudire !
Sans doute me direz-vous : «Demain est un autre jour.»
Et pourtant...

Tout comme l'arbre
Je connais la misère et la grandeur
Le passage de la nuit et du jour
La faim, la soif et le froid
Dans le dénuement le plus total.
Et pourtant...

Tout comme l'arbre
Je frémis lorsque s'installe la nuit
Car il me faut marcher au lieu de dormir
Et cela me tue littéralement.
Le lendemain, je recommence
Encore et encore
En apprenant à mourir
À moi-même, à mes rêves envolés
ou carrément volés.
Volés ou envolés vers l'Orient
Dans les brumes du couchant
Au pays du soleil levant
Là où la chaleur
Réchaufferait mon cœur.
Et pourtant...

Tout comme l'arbre
Les marques de mon passé
Trahissent mon âge
Mes peurs et mes pensées.
Voyez mes nœuds d'anxiété
Comme des branches cassées.
Et pourtant...

Tout comme l'arbre
Je m'élève malgré tout.
J'accueille mes saisons
mes forces et mes failles.
J'attends patiemment le secours
Qui viendra bannir l'incertitude du moment
Et fera renaître l'espoir de jours meilleurs.
Et pourtant...

Tout comme l'arbre
À l'occasion, je refleuris et donne des parures
À la maison qui m'a bercée, consolée.
Ce refuge qu'on m'a offert
Ne fut point une panacée
Mais bien un rayon de soleil inattendu
Dans la froidure glaciale
De ma nuit noire de l'âme.
Et pourtant...

Tout comme l'arbre
J'accueille mes phases de vie
Tout en buvant à une source
Qui m'abreuve et me nourrit.
C'est ainsi que peu à peu,
À mon tour, je deviens sève de vie.
Enfin, je peux sourire à la vie
À ma mère patrie, à mes amies!

Chrystine Brouillet

ENTRE QUATRE MURS

Enfermée.

Entre quatre murs.

Enfer.

Fermée.

Sentence qui dure.

(À l'est) LES SEULS LIENS QUE J'ACCEPTERAIS

Les bras de mon amoureux autour de ma taille.

Les pattes de mon chien autour de mes jambes.

Le poids des vagues, couronne d'écume autour de mes chevilles.

Le foulard de soie de ma meilleure amie autour de mon cou.

Une mèche de cheveux de ma fille autour de mon poignet.

Les cordons de mon tablier quand je fais des biscuits.

La ceinture de cuir noir que j'empruntais à ma sœur.

(À l'ouest) RÊVES de SENS

Entendre :

Le rire de mon garçon.

La berceuse que j'aurais aimé que ma mère me chante.

Les bottes de mes quinze ans résonnant sur l'asphalte.

Le moteur d'une moto qui m'emmènerait loin d'ici.

Respirer :

Le parfum des lilas au printemps.

La fumée du barbecue de mes voisins.

L'odeur des carrés aux dattes de ma tante Aline.

Le linge qui a séché sur la corde.

Goûter :

Un vrai hamburger.

Des pommes de l'île d'Orléans.

Une miche de pain frais, chaud, beurré.

La réglisse rouge de mon enfance.

Une bière glacée.

Voir :

Au-delà de l'horizon.

Mon film préféré en mangeant du pop-corn.

Un show au Centre Bell.

Un vrai sourire sur le visage de mon aînée.

Toucher :

La peau d'un homme.

Une robe de nuit en satin brillant.

La fourrure d'un chat tigré.

Le crayon entre mes doigts, le papier sous ma paume où je jette tous ces mots.

(Au nord) L'ENFERMEMENT

Portes qui claquent, geignent, chuintent, résonnent, tonnent. Tout le long du jour.

Lumières de la cour comme des yeux qui nous guettent.

Odeur du désinfectant.

Des mains gantées sur moi.

Attendre mon tour dans la file.

Entendre pleurer ; ça me donne envie de pleurer.

Entendre rire ; je me demande si on se moque de moi.

Le café trop clair.

Jamais assez de fromage.

Jamais assez de chocolat.

Jamais de Cosmopolitan ou de Daiquiri.

Pas de lit queen. Pas de grasse matinée.

Pas d'enfants. Pas de chum.

Pas de vrai silence.

(Au sud) « L'ENFER, C'EST LES AUTRES »

Obéir aux autres.

Se lever à la même heure que les autres.

Manger en même temps que les autres.

Écouter les histoires des autres.

Douter des histoires des autres.

Raconter ses histoires aux autres.

Ne pas savoir si les autres croient mon histoire.

Tomber amoureuse d'une autre.

Ne jamais tomber amoureuse d'une autre.

Ne jamais être choisie par une autre.

Beaucoup de «une» autre. Pas de «un» autre.

Trop d'autres.

Être une parmi tant d'autres.

L'ÉCRITURE DE L'ENFERMEMENT

Sophie Cousineau et Sylvie Frigon

Depuis les années 1980 et plus particulièrement depuis le tournant du XXIe siècle, l'écriture carcérale est marquée par un nouveau phénomène : l'avènement des professionnels et des artistes dans les institutions. Dans cette mouvance, l'écriture devient parfois synonyme d'art-thérapie. La création artistique sert alors d'outil d'intervention en gestion de crise, de responsabilisation du sujet, de facilitateur de projets autonomes, voire constitue une solution de rechange à l'expression émotive (Descroisselles-Savoie, 2010). Quoi qu'il en soit, dans le cadre du projet d'ateliers parrainé par l'Association des auteures et des auteurs de l'Ontario français, il s'agissait plus modestement de rencontres, par l'écriture, entre des auteurs-animateurs et des personnes détenues ou supervisées, entre la liberté et l'enfermement.

Que signifient les écrits issus de l'enfermement et surtout que représentent-ils ? D'entrée de jeu, cette forme d'écriture constitue un moyen de subversion. D'abord, cette forme d'écriture déstabilise, ou selon l'hypothèse de Rostaing et Toureau (2012), remet en question le concept d'institution totale de Goffman (1961).

Ce concept caractérise les établissements, comme les prisons et les pénitenciers, où sont confinées un ensemble de personnes coupées du reste de la société pour une période relativement longue dont les aspects du quotidien sont minutieusement réglés. Les écrits de l'enfermement créent une passerelle entre le *dedans* et le *dehors*, c'est-à-dire entre la prison et la société. Ces écrits témoignent d'une ouverture des établissements : l'instant d'un atelier, leurs portes sont entrebâillées plutôt que d'être verrouillées à double tour.

Cependant, cette ouverture relative est récente et limitée à certains pays. Depuis les années 1980, les établissements carcéraux en France et aux États-Unis accueillent des initiatives culturelles et artistiques. Les initiatives de cet ordre sont perçues comme des outils de réinsertion au même titre que la formation professionnelle (Finio, 1986 ; Salaün, 2008). Il est intéressant de voir qu'en France, notamment, l'intégration de la culture en prison fait suite à une note ébauchée en 1982 et à deux protocoles mis en place en 1986 et 1990. Ces initiatives culturelles et artistiques, qui consistent généralement en interventions ponctuelles, locales et inconnues du public (Rostaing et Toureau, 2012), s'inscrivent dans un discours davantage humaniste et réformiste. Par ailleurs, leur mise en œuvre en prison est influencée par de nombreux facteurs : le gouvernement et ses intérêts, l'administration pénitentiaire, les fonds et le personnel recruté (Finio, 1986), et est sans cesse menacée. Pour les directions d'établissements, le primat de la sécurité constitue une entrave importante à ces pratiques. L'introduction de la culture en prison est un long processus. Comme en témoigne Martin (2003), elle est marquée par une lente institutionnalisation en Europe. D'une part, la présence du *dehors* en *dedans* se traduit par des démarches artistiques appuyées par des politiques de développement personnel et de réinsertion sociale. D'autre part, la bibliothèque des prisons et des pénitenciers est désignée comme « poumon culturel » et représente sa forme la plus prolifique (Mans, 2005).

En ce qui a trait aux effets bénéfiques prêtés à l'action culturelle en prison, Siganos (2008) est d'avis que celle-ci redéfinit la peine tandis que Rostaing et Toureau estiment que les partenariats culturels peuvent transformer la prison et « établir plus de liens entre le dedans et le dehors » (2012). Par exemple, l'expérience du musée du Louvre dans une prison française est citée comme reconfigurant les rapports sociaux et les pratiques carcérales. Depuis 2007, le Louvre mène un partenariat avec la prison centrale de Poissy, qui consiste à faire animer des ateliers par le personnel du musée. Le principe de l'initiative menée à la prison de Poissy était de monter, en collaboration avec dix prisonniers, une exposition de reproductions de qualité d'œuvres du Louvre. Pendant six mois, un travail important a été réalisé, qui a débuté par le choix d'un tableau par chacun des dix prisonniers. Les détenus ont créé un projet artistique autour de chaque œuvre choisie et rédigé le catalogue de l'exposition. L'exposition fut inaugurée par un émouvant vernissage, dans la grande cour de la prison, en présence des détenus. En ce sens, l'action culturelle offre une « liberté de parole à travers un exercice complexe [...] et dans un espace où la parole n'est pas souvent valorisée » (Rostaing et Toureau, 2012 : 20). Elle bouscule les représentations de chacun des acteurs participant au projet, mais aussi celles de l'institution lorsque celle-ci devient le théâtre ou le centre d'exposition des produits des initiatives.

Un des domaines privilégiés par l'action culturelle en milieu carcéral est l'écriture. Il s'agit d'une activité performative, c'est-à-dire qu'elle énonce, répète et constitue la réalité sociale. En d'autres mots, la mise en récit donne accès à la réalité. Les textes sont donc des constructions à divers degrés. Une mise à l'écrit est une représentation, c'est-à-dire une transposition ou une reconstruction d'événements réels ou fictifs.

Quel est le rôle des auteurs participant aux initiatives en milieu communautaire ou carcéral ? Siganos (2008) met en lumière l'interaction entre les auteurs et les détenus lors des ateliers d'écriture, révélant une dynamique qui a pour effet de transformer les premiers en tant que porte-parole de l'identité des seconds. Pour leur part, les auteurs de l'AAOF ont été enfermés d'une certaine manière : pour la durée des ateliers, ils se sont emmurés dans les locaux des établissements, et ont ressenti des malaises liés à l'enfermement (rituel d'entrée, surveillance, oppression des lieux, interdits et réactions après la sortie).

Retour sur un temps d'écriture partagée du dedans et du dehors

Que traduisent les textes rassemblés dans ce recueil? Selon Sykes (1958), la parole de l'enfermement traduit des pertes, ce qu'il nomme des privations. Il y a la perte de la liberté et celle entraînée par le fait d'être coupé de la société. Ensuite, il y a les privations liées à l'intimité en raison à la fois de la promiscuité des lieux et de l'absence de l'être aimé. Dans l'institution carcérale, l'intimité est «sous surveillance»: arrimée à l'ordre et au contrôle social, brouillant l'espace privé et l'espace public (Laé et Proth, 2002). Enfin, il y a des pertes qualitatives et quantitatives des liens avec les proches, relations qui doivent dorénavant être médiatisées par les appels téléphoniques, la correspondance, le parloir et parfois la visite familiale privée. En revanche, cette praxis littéraire du *dedans* offre un espace pour soi et propice à l'introspection. Elle permet de pallier l'identité incarcérée et donc de minimiser l'effet d'aliénation où le détenu est dépouillé de ses rôles sociaux antérieurs et formaté selon les besoins de l'institution (Goffman, 1961).

Paradoxalement, l'écriture produite en milieu carcéral peut être associée à une libération, à tout le moins symbolique. Pour Rodriguez (2002), l'écriture dans ce contexte peut être articulée comme une tentative d'aller au-delà de l'enfermement physique pour trouver une liberté dans l'acte de création. Pour sa part, Delorme suggère que la parole carcérale n'est pas emprisonnée: «plutôt que de faire taire le sujet, le huis clos lui donne une *voix*, une occasion de prendre le large» (2010: 354). Non seulement la parole carcérale délie l'écriture, mais elle actualise une subversion de la norme et permet justement d'évoquer l'absence ou la perte. Pour Delorme (2010), la parole carcérale possède en fait une fonction cathartique: elle libère les passions et permet une réparation. Les textes écrits dans les établissements de Joliette et Leclerc ainsi qu'au Centre pénitentiaire pour femmes à Marseille sont peut-être les témoins d'une résilience ou d'un cheminement personnel entamé ou à venir. Par contre, selon Siganos (2008), l'écriture en détention «enferm[e] les détenus plutôt que de les ouvrir» (2008: 147). Comme nous l'avons vu, il est souvent question de la prison des émotions dans les textes du présent recueil.

Les thèmes des créations littéraires de la prison croisent ceux des textes produits en milieu communautaire. Le premier thème commun à l'ensemble des textes est l'hypercarcéral, avec plus de soixante-dix occurrences. Une bonne cinquantaine de récits gravitent en effet autour de la prison, ou d'une cellule froide et humide. Les autres textes font mention de l'«enfermement» ou de l'«incarcération» ainsi que leurs référents: entre quatre murs, «milieu carcérant» ou fermé, «entre béton et bavures». En écho aux propos de Cavaillé (2007) et de Davies (1990), il y a mise en scène de la prison comme lieu menaçant. Partout, y compris chez les écrivaines et écrivains invités à participer au recueil, cet état de captivité comprend des privations, des carences et suscite plusieurs émotions: tristesse, ennui, angoisse et peur. La poète Denise Desautels évoque ainsi une série de portes:

> Une porte. Une autre. Une autre encore. Puis une dernière. Une quatrième se referme derrière nous. Derrière moi. Claquements secs – métal, fer, verre, verrous, double tour – vertige et néant.
>
> C'est fou comme le silence qui suit est sombre.

Il est question de cœurs barbelés chez Michèle Vinet, ailleurs «d'autorité barbelée», de «terrain barbelé» ou de «rêves séchés accrochés aux barbelés». Si le séjour carcéral devient une «valse rythmée» pour Lee (Les Impatients), ou encore des vacances pour Antoinette (Elizabeth Fry, Outaouais), il représente une «leçon» aux yeux de Manora (Marseille) et de Steve (Leclerc).

L'écriture de l'enfermement évoque aussi le cloisonnement, physique et psychique. Michel Ouellette se réfère à celui du ciel:

> Mieux l'enfermement du firmament
>
> Être une étoile collée sur la voûte céleste [...].

Madeleine est «enfermée dans toutes ses émotions» (Elizabeth Fry, Outaouais), Mona est coincée dans une «cellule d'émotions» (Elizabeth Fry, Outaouais). D'ailleurs, les émotions s'y trouvent en trop-plein ou en surdose. Dans la «maison de ses états», Daniel négocie le sens de la «maudite porte [aux] serrures toujours barrées» (Leclerc). La porte est omniprésente, dans ses mouvements itératifs d'entrée et de sortie: «Ouverte: veut-elle me laisser entrer ou sortir? Fermée: veut-elle m'interdire d'entrer ou bien me garder prisonnier?» Pour Antoinette, son mariage représente «quarante-deux ans d'enfermement» (Elizabeth Fry, Outaouais). Le poème de Lee est «enfermé dans [sa] face de carême» (Les Impatients).

Tina Charlebois aborde «l'évasion littéraire» qui s'opère au Leclerc, «l'évasion d'une salle de classe où la prison se glisse dans les chapitres»; la salle de classe procure un «semblant d'évasion». L'antithèse se poursuit avec des associations-oppositions du type «quand la vie est une prison chaque jour est une libération» (Zohra, Marseille) et «cœur clos larmes libres» (Andrée Lacelle). La parole et les mots sont libérateurs. Les «mots parfums» ou les «breloques de paroles» permettent «d'oublier la marge» (Michèle Vinet). «[L]'écriture permet de se déplacer ailleurs que dans sa tête quotidienne» (Tina Charlebois). En prétendant faire de la poésie sans barreaux, Tina Charlebois est d'avis qu'«[e]n prison, la parole est liée à la liberté, non pas parce qu'en parlant, on devient libre, mais parce qu'avec les mots, on peut s'honorer soi-même. On peut s'obstiner avec les gardes, les codétenus, les intervenants, et ce, dans la langue de son choix. Mais c'est quand on se parle, le soir, seul dans sa cellule, qu'on se voue à sa parole d'honneur.»

La prison apparaît sous diverses figures: chez Éric Charlebois, elle est une prison thoracique. À Marseille, Babe illustre la prison comme un «box sans carnaval et insalubre», sans étoffe ni couleurs. Tantôt on s'y réfère en tant que jungle ou cage, tantôt à divers autres éléments: la Bible est une religion-prison (Black Rose, Leclerc); chez Michel Ouellette, le corps est le coffre des désirs ou une forteresse; chez Denise Desautels, il est question de «crâne cœur cachot». Ailleurs, l'âme devient «prison de tes mots» (Sonya, Joliette) et la chambre avec ses barreaux, lieu «[q]ui me scelle [q]ui m'esseule» (Michel Ouellette).

Un autre thème prépondérant dans ces textes est l'amour, avec près de cent vingt occurrences. Ce thème comprend deux sous-catégories. Il est connoté négativement dans une quarantaine de textes et positivement dans un peu moins de vingt. L'amour heureux est ancré dans le présent, il rend meilleur et il permet de «transmettre le meilleur des deux mondes» (Siou, Les Impatients). La *Cendrella* de Manora (Marseille) passe de la misère au bonheur lorsqu'elle rencontre enfin son prince charmant. L'amour est aussi synonyme d'attachement; par exemple, Siou désire se rebaptiser «"Rouge" pour [s]e coller définitivement à tes lèvres» (Les Impatients).

En revanche, l'amour est aussi représenté au «passé compliqué», dans la perte, la privation, l'abus ou l'impossible. Lorsqu'il est inscrit dans le présent, l'amour malheureux est associé au registre du manque et du besoin. Certaines femmes sont rongées par la séparation, la distance et l'odeur de l'être convoité, de celui qu'elles nomment parfois «l'homme de sa vie». Mais cet homme est selon les récits un menteur profiteur, un partenaire violent, un ensorceleur qui crée déception et souffrances, mais qui attise toujours chez son amoureuse l'espoir du changement et d'une ré-union. Les récits sont aussi traversés par les amours impossibles et la vaine recherche de l'amour. Le chevalier d'un récit et l'ange d'un autre sont devenus respectivement un protecteur déchu et un voleur de souffle. L'amour est vestiges: «dernier baiser» (Cruzéo, Leclerc), cœur en «brisures» (anonyme, Marseille), qui «croule sous l'or de leurs abîmes» (Lee, Les Impatients).

Les figures parentales comptent aussi d'importantes récurrences. La mère et la maternité sont abordées dans une trentaine de textes (quatre-vingt-six occurrences). Cette figure est présente sous deux formes: sa propre mère ou la représentation de soi comme mère. D'une part, le lien filial est édifié en tant que «cadeau de la vie» et «raison de vivre». D'autre part, une antinomie traverse la représentation de la mère: tantôt figure d'adoration, tantôt figure de rejet ou d'annihilation. Souvent, on lui en veut, mais on l'admire d'avoir surmonté les obstacles: élever dix enfants et tenir tête à un conjoint abusif, par exemple. La mère décédée ou ayant abandonné ses enfants est parfois évoquée en tant que «pauvre petite maman qu'il a très peu connue» (Zohra, Marseille) ou comme «bien-aimée» qui restera «la meilleure au monde», tant pour La Puce que pour Eva Luna (Elizabeth Fry, Outaouais). Une ode à la maternité se déploie alors : son giron bienfaiteur et la fusion entre soi comme nourrisson ou embryon avec la mère est signe d'une « union spirituelle » pour Milana : « tu es ma lumière qui nourrit ma vie » (La rue des Femmes).

D'autres textes font allusion à la mère comme figure de terreur : une « matrone déjantée » aux « caresses venimeuses » qui rappelle un avortement ou un infanticide souhaité ou raté. Qu'il s'agisse d'une représentation positive ou négative du lien maternel, à plusieurs occasions, la réappropriation et la négociation du rapport à la mère semble nécessaire pour que l'auteure puisse accéder à la résilience ou à une réconciliation avec elle-même. Puisque la matrice utérine est synonyme d'oppression chez Jackie, elle doit d'abord « vomi[r] [s]a mère » et couper le cordon de leur relation. Pour elle, comme pour Lee (Les Impatients), un retour à la Terre Mère est nécessaire. Celle-ci devient nourricière, et un point d'ancrage pour la reconstruction identitaire : comme un arbre pour Milana (La rue des Femmes) et Lee (Les Impatients), portant les fruits empoisonnés de l'arbre généalogique ou étant « dépouillée au fil des saisons ».

Quant à la figure paternelle, elle apparaît beaucoup moins souvent en comparaison avec la figure maternelle. Le défunt père ou le père de ses enfants est parfois édifié de manière positive comme « père fort et aimant », protecteur ou « ange gardien qui les guide ». Dans les contes, il peut être associé au rôle de sauveur mais, plus généralement, son absence constitue un leitmotiv. « [S]trict et froid », alcoolique, violent, tyrannique et abusif sont des adjectifs qui le qualifient souvent. Le père des enfants de Babe (Marseille) est un « créateur de problèmes et de pagailles ». Bref, ses connotations négatives surpassent de loin ses connotations positives.

Un autre thème récurrent est la progression de l'ombre à la lumière. Le sujet central des textes qui témoignent de ce cheminement personnel est une croissance, un épanouissement, ou une résilience. Parfois, elle est au cœur de l'expérience carcérale, laquelle est vécue comme « expiation des fautes », « transition » ou, pour Doris (Marseille), passage de la dépression à l'amour. Ce thème est présent aussi dans les contes de ce recueil, car l'inversion du statut est l'une des caractéristiques de cette forme narrative : le protagoniste orphelin soit retrouve ses parents, soit devient chef des voleurs et nage dans l'opulence ; le massacre fait place à la naissance d'un enfant et à des retrouvailles ; la non-réciprocité amoureuse laisse place aux rendez-vous puis au mariage. D'autres occurrences font allusion au mariage ou à l'actualisation du lien mère-enfant. Parfois, elles portent sur une victoire ou plus modestement sur des démarches pour vaincre les dépendances ou un mode de vie autodestructeur : apprentissages suite aux déboires amoureux, séparation d'un conjoint abusif ou décès vécu comme une libération, cures de désintoxication pour « sortir des trottoirs » (Elizabeth Fry, Outaouais).

Ces beaux textes nous invitent à voyager également avec eux, au-delà de leur captivité, dans le plaisir des mots, des sonorités, de l'ombre à la lumière.

BIBLIOGRAPHIE

CAVAILLÉ, Jean-Pierre (2007), « Écrire de la prison et sur la prison sous l'Ancien Régime », dans Jean Bessière et Judit Maár (dir.), *L'écriture emprisonnée*, Paris, L'Harmattan, p. 53-60.

DAVIES, Ioan (1990), *Writers in Prison*, Toronto, Between the Lines, p. 1-20 et p. 115-135.

DELORME, Julie (2010), *Du huis clos au roman : paroles carcérales et concentrationnaires dans le cadre de la littérature contemporaine*, Ottawa, Presses de l'Université d'Ottawa.

DESCROISSELLES-SAVOIE, Valérie (2010), « De la prison à la communauté : art & art-thérapie auprès des femmes judiciarisées », *Porte ouverte*, p. 3-7.

FINIO, Patricia (1986), « An Anatomy of a Prison Arts and Humanity Program », *Prison Journal*, vol. 67, n° 2, p. 57-75.

GOFFMAN, Erving (1961), *Asylums: Essays on the Social Situation of Mental Patients and Other Inmates*, New York, Anchor Books.

LAÉ, Jean-François et Bruno PROTH (2002), « Les territoires de l'intimité, protection et sanction », *Ethnologie française*, vol. 32, n° 1, p. 5-10 ; en ligne, www.cairn.info/article php ?REVUE= ethnologie-francaise&ANNEE=2002&NUMERO=1&PP=5, consulté le 26 septembre 2013.

Mans, Dominique (2005), « Les actions culturelles et artistiques en milieu pénitentiaire », *BBF*, n° 1, p. 102-103 ; en ligne, http://bbf. enssib.fr/, consulté le 7 juin 2013.

Martin, Florence (2003), « Les ateliers artistiques en prison : créer pour se recréer ? », *Ban public*, Association pour la communication sur les prisons et l'incarcération en Europe ; en ligne, http://prison.eu.org/spip.php ?rubrique644, consulté le 10 juin 2013.

Ripoll, Philippe E. A. (2005), *Un abri-livre. Expérience en prison*, Paris, L'Harmattan, p. 7-23.

Rodriguez, Dylan (2002), « Against the Discipline of "Prison Writing": Toward a Theoretical Conception of Contemporary Radical Prison Praxis », *Genre*, vol. 35, n° 3-4, p. 407-428.

Rostaing, Corinne et Caroline Toureau (2012), « Processus de création culturelle en prison : une innovation ordinaire ? », *Socio-logos*, n° 7 ; en ligne, http://socio-logos.revues.org/2658, consulté le 24 octobre 2013.

Salaün, Sophie (2008), *Culture en prison. Un vecteur d'unification sociale et de reconstruction de l'identité impulsé par une politique culturelle et des pratiques individuelles*, mémoire, Université de Lyon ; en ligne, http://doc.sciencespolyon.fr/ Ressources/Documents/Etudiants/Memoires/Cyberdocs/ MFE2008/salaun_s/pdf/salaun_s.pdf, consulté le 7 juin 2013.

Siganos, Florine (2008), *L'action culturelle en prison : pour une redéfinition du sens de la peine*, Paris, L'Harmattan.

Sykes, Gresham (2007) [1958], *The Society of Captives: A Study of Maximum Security Prison*, Princeton, Princeton University Press.

Le bonheur

Félix

LES MILIEUX CARCÉRAUX

L'ÉTABLISSEMENT POUR FEMMES DE JOLIETTE

Depuis 1997, l'établissement de Joliette (au Québec) accueille des détenues devant purger des sentences supérieures à deux ans. Cet établissement, l'un des cinq pénitenciers pour femmes au Canada, comprend de multiples paliers de sécurité, dont un secteur de sécurité maximum (milieu de garde fermée) et dix unités de vie. L'établissement a une capacité pondérée de cent quinze détenues et est présentement en chantier : une nouvelle unité de vie y est prévue pour 2014.

Source : www.csc-scc.gc.ca/etablissements/001002-2006-fra.shtml, consulté le 15 octobre 2013

L'ÉTABLISSEMENT LECLERC

Fondé en 1961, l'Établissement Leclerc est un pénitencier à sécurité moyenne pour hommes situé à Laval (au Québec), d'une capacité d'accueil de près de cinq cents détenus. L'établissement fermera ses portes en 2014-2015, une décision motivée par le fait que les infrastructures ont été jugées inadéquates pour la gestion des délinquants actuels.

Source : www.csc-scc.gc.ca/etablissements/0010022008-fra.shtml

LE CENTRE PÉNITENTIAIRE POUR FEMMES DE MARSEILLE

Le Centre pénitentiaire de Marseille (Les Baumettes) est ouvert depuis 1936. Il comprend au moins deux régimes de détention (centre de détention ou maison centrale, et maison d'arrêt). Il possède une capacité d'accueil de 1 373 places.

Son archipel est composé de quatre entités : la maison d'arrêt des hommes (Les Baumettes), le centre pénitentiaire pour femmes, le centre pour peines aménagées et le centre de semi-liberté. Le centre pénitentiaire des femmes compte « 87 places en maison d'arrêt, 38 places en centre de détention, 8 places en semi-liberté et 4 cellules doubles dans le secteur "nursery" ».

Source : ministère français de la Justice, 2009 (en ligne).

LES ORGANISMES COMMUNAUTAIRES

La Société Elizabeth Fry du Québec

La Société Elizabeth Fry du Québec est un organisme communautaire fondé en 1977 à Montréal, qui vient en aide aux femmes ayant des démêlés avec la loi. La Société a des centres satellites en Outaouais et en Mauricie. Elle met à la disposition de sa clientèle une panoplie de services allant de la supervision communautaire aux services en prison et à l'hébergement, en passant par des services juridiques. Des ressources sont notamment offertes en matière de prévention et de réinsertion : ainsi, depuis son ouverture en 1980, la maison Casgrain a accueilli près de deux mille femmes. La Société est présente à la Maison Tanguay (à Montréal) et à l'établissement de Joliette afin d'offrir aux femmes des programmes et des ressources pour les préparer à la sortie.

Source : www.elizabethfry.qc.ca/, consulté le 15 octobre 2013.

Le centre Elizabeth Fry de l'Outaouais

Le centre Elizabeth Fry de l'Outaouais a ouvert ses portes en 1999. Il dessert environ une centaine de femmes par année, avec l'aide de bénévoles et de stagiaires. Dans le cadre du séminaire de maîtrise *Genre, enfermement et créativité* donné par Sylvie Frigon, les étudiants étaient amenés à participer aux ateliers d'écriture et à créer un spectacle-partage avec les femmes qui fréquentent le centre. L'objectif était d'une part de susciter un goût pour l'écriture chez les femmes et, d'autre part, de montrer aux étudiantes et étudiants des solutions de rechange pour la recherche en criminologie.

Les Impatients

En 1989, la Fondation des maladies mentales met en place un atelier d'art-thérapie à l'hôpital Louis-Hippolyte-Lafontaine: l'initiative connaît un franc succès. En 1992, la Fondation appuie la naissance d'une autre fondation aux visées similaires: la Fondation de l'art thérapeutique et des arts bruts du Québec. D'abord située à Pointe-aux-Trembles, elle déménage en 1999 à Montréal et devient Les Impatients. Les Impatients mettent sur pied des ateliers en musique, en dessin et en peinture à la disposition des personnes ayant des problèmes de santé mentale. Ces ateliers sont encadrés par un artiste ou un thérapeute professionnel et attirent plus de quatre cents présences sur une base hebdomadaire. Expositions-encans, galerie, concerts, publications constituent les voies par lesquelles l'organisme diffuse ses productions auprès du grand public. Depuis ses débuts, l'organisme archive les œuvres produites dans ses ateliers et cette collection unique au Canada renferme plus de douze mille œuvres.

Source: http://impatients.ca

La rue des Femmes

La rue des Femmes est un organisme communautaire à but non lucratif qui vient en aide aux femmes en situation d'itinérance et de grande difficulté. Avec comme mission de «redonner un sens à la vie», la rue des Femmes offre une gamme de services d'hébergement, de repas, de counselling, de suivi psychosocial, d'accompagnement en communauté et d'activités qui revitalisent la santé relationnelle de ces femmes.

Au sein de cette vision, les arts prennent la forme d'une «issue de secours». Par exemple, la peinture agit comme catharsis, «moyen d'expression de la douleur provoquée par leurs profondes blessures relationnelles». L'art-thérapie est un volet important de cet organisme, qui vise à apaiser les souffrances de ces femmes, mais aussi à développer chez elles un pouvoir personnel, une autonomie et une source de valorisation. Ultimement, la transformation sociale qui s'opère chez ces femmes grâce à l'ensemble des services et des ressources de la rue des Femmes vise à les sortir de leur situation d'itinérance.

Source: www.laruedesfemmes.org/, consulté le 17 octobre 2013.

Achevé d'imprimer
en février deux mille quatorze sur les presses
de l'Imprimerie Friesens, à Altona (Manitoba).